KEY ISSUES IN
FINANCIAL
DERIVATIVES

金融衍生品的
关键问题

张 今 ◎ 著

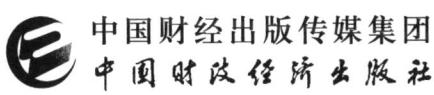

中国财经出版传媒集团
中国财政经济出版社

图书在版编目（CIP）数据

金融衍生品的关键问题／张今著．——北京：中国财政经济出版社，2023.8
ISBN 978-7-5223-2424-1

Ⅰ.①金… Ⅱ.①张… Ⅲ.①金融衍生产品－基本知识 Ⅳ.①F830.95

中国国家版本馆CIP数据核字（2023）第157179号

责任编辑：贾延平　　　　　　　责任校对：胡永立
封面设计：任飞扬　　　　　　　责任印制：刘春年

金融衍生品的关键问题
JINRONG YANSHENGPIN DE GUANJIAN WENTI

中国财政经济出版社 出版

URL：http://www.cfeph.cn
E-mail：cfeph@cfeph.cn

（版权所有　翻印必究）

社址：北京市海淀区阜成路甲28号　邮政编码：100142
营销中心电话：010-88191522　编辑部电话：010-88190957
天猫网店：中国财政经济出版社旗舰店
网址：https://zgczjjcbs.tmall.com
北京财经印刷厂印刷　各地新华书店经销
成品尺寸：170mm×240mm　16开　13印张　180 000字
2023年8月第1版　2023年8月北京第1次印刷
定价：58.00元
ISBN 978-7-5223-2424-1
（图书出现印装问题，本社负责调换，电话：010-88190548）
本社质量投诉电话：010-88190744
打击盗版举报热线：010-88191661　QQ：2242791300

前言

在金融学的研究中，数学和物理学科的方法被广泛应用，在行为金融学的研究中甚至使用了神经元方面的医学方法，在如此的学科背景下，金融学研究者和金融从业者对金融市场的认知，不可避免地要建立在实践和经验上，但是，金融学其实是人文科学。因此，某些研究者和从业者对金融衍生品和金融衍生品市场的认识难免会产生一些错误。这些错误的认识如果得不到澄清的话，势必会影响交易决策以及交易策略的运用。为此，我撰写了《金融衍生品的关键问题》一书，来回答与金融衍生品有关的某些关键问题，并消除常见误解。

对金融衍生品的关键问题的理解，仁者见仁，智者见智，我认为"国债收益率曲线倒挂是否能预测经济衰退""股市异常波动发生后应该如何救市""中央银行为何交易衍生品"等问题，既是金融衍生品市场研究者以及市场参与者关心且可能会产生疑惑的问题，也是金融衍生品市场的关键问题。

十年来，我一直在一家金融衍生品交易所从事市场研究和产品开发工作。交易所作为自律监管的主体，是市场交易者和监管者的桥梁，经常要对监管机构提出的问题给予回应，也要对一些市场现象产生的原因展开研究，以便在必要时采取应对措施。一个典型的例子是：当市场出现极端行情时，监管机构通常会首先问询交易所，要求交易所解释市场暴涨或者暴跌的原因，交易所深入分析后给出是否要采取行动以抑制市场过热的建议。监管机构在实施新的政策前，通常也会征求交易所的意见，因为交易所的视角有别于一般的行业从业者和市场监管者，可以为理解市场带来价值。本书还回答了一些其他金融行业书籍很少谈及的有关交易所的问题，比如"交易所是否对交易结算价拥有知识产权""交易所的收购行为能否带来经济价值"等，所有这些问题都可以帮助那些对交易所本身并不了解的读者来重新认识交易所。

阅读本书并不需要具备太深厚的金融衍生品知识，不论是尚在学习金融衍生品的学生、金融衍生品交易者、金融衍生品行业监管者，还是单纯对金融衍生品感兴趣的读者，都能读懂，也会有所收获。

当然，为了将问题解释清楚，本书的个别章节也用到了简单的金融学公式，不过不必担心看不懂这些模型和公式，它们不会成为您理解该章节核心内容的障碍，相信开卷一定有益！

张今

2023 年 7 月

目 录

第一章　理解和应对金融危机　// 1
第一节　国债收益率倒挂和经济衰退　// 3
一、2022 年和 2019 年的美国国债收益率倒挂　// 3
二、收益率倒挂预言经济衰退的理论基础　// 6
三、我国和其他主要经济体的国债收益率倒挂和经济衰退　// 8
四、2008 年金融危机后国债收益率倒挂对经济衰退的预测能力　// 12

第二节　用金融脆弱性理论解释当代金融危机　// 14
一、金融系统脆弱性理论基本概念　// 14
二、新背景下的金融脆弱性理论　// 16
三、基于市场脆弱性理论强化衍生品交易风险管理　// 23

第三节　境外股灾中的救市措施　// 24
一、境外股灾概述　// 25
二、美国 1987 年股灾和救市措施　// 27
三、日本 1990 年股市连续下跌和救市措施　// 32
四、1997 年亚洲金融危机背景下的韩国股灾和救市措施　// 37
五、正确的救市措施　// 41

第二章　产品、交易者和交易行为　// 43
第一节　发行方和监管者视角下的雪球产品及其风险　// 45
一、雪球产品概述　// 46

二、雪球产品的获利方式与对冲方式 // 50
　　三、雪球产品的主要风险 // 52
　　四、发行雪球产品需要重点关注的问题 // 55
第二节　全球基准利率改革和中国基准利率体系 // 59
　　一、全球基准利率改革 // 59
　　二、我国基准利率体系 // 69
　　三、我国基准利率体系和境外的差异 // 79
第三节　使用国债期货管理信用债风险的正确思路 // 83
　　一、国债期货对冲信用债利率风险的基本方法 // 83
　　二、国债期货对冲信用债风险示例 // 85
　　三、使用国债期货管理信用债风险的注意事项 // 92
第四节　金融衍生品市场操纵的典型手段 // 93
　　一、传统市场操纵手段 // 93
　　二、现阶段常见的市场操纵手段 // 97
　　三、现阶段金融衍生品市场操纵的特点 // 100
第五节　准确评估金融市场流动性 // 101
　　一、流动性的衡量维度和评估指标 // 102
　　二、在实务中应用的流动性指标 // 107
　　三、在实务中选取流动性指标需要考虑的因素 // 111
第六节　中央银行交易衍生品的原因 // 112
　　一、中央银行参与衍生品交易的目标 // 112
　　二、中央银行的衍生品交易情况及特征 // 115
　　三、中央银行参与金融衍生品交易的实例 // 118
　　四、央行参与衍生品交易的市场影响 // 121

第三章　重新认识交易所 // 123
第一节　交易所行业的收购和并购 // 125

一、全球交易所收购和并购概述　// 125
　　二、交易所收购和并购的地理特征　// 127
　　三、交易所收购和并购的策略特征　// 131
　　四、收购和并购的参与者及其财务特征　// 134
　　五、全球交易所收购和并购趋势　// 138

第二节　收购与交易所经济价值的创造　// 139
　　一、评估交易所收购案例的绩效　// 140
　　二、基于全球交易所收购案例的事件分析　// 141
　　三、基于财务指标和股票价格的收购案例分析　// 147
　　四、交易所进行收购的方法　// 150

第三节　交易所行业的知识产权保护　// 151
　　一、两起交易所侵权案件的不同判决结果　// 152
　　二、交易所知识产权保护的困境　// 155
　　三、交易所知识产权的可行法律保护方式　// 159

第四节　交易所、会员和客户的三方法律关系　// 163
　　一、衍生品结算业务中的法律关系　// 163
　　二、识别结算业务中的法律关系　// 168
　　三、我国衍生品行业的法律关系分析　// 173
　　四、三方法律关系不明确带来的业务挑战　// 175

第五节　交易所的非竞争性交易方式　// 177
　　一、常见的非竞争性交易方式概述　// 177
　　二、交易所设计大宗交易的方法　// 185
　　三、交易所设计期转现交易的方法　// 188
　　四、实务中的非竞争性交易方式　// 194

附录　缩写列表　// 198

第一章

理解和应对金融危机

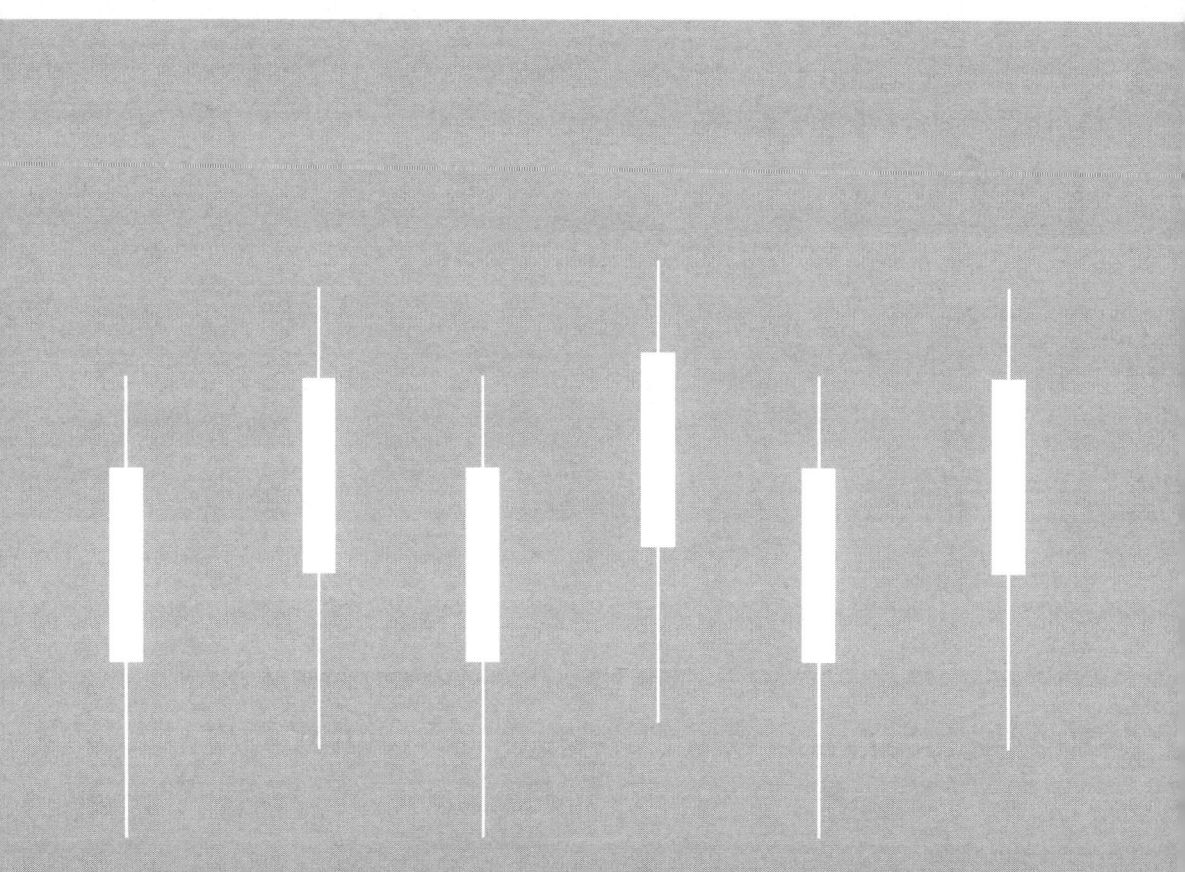

金融业界和学术界都非常关注金融危机这一主题。在各类学术研究和投资研究报告中，"金融危机因何产生"，"金融危机能否被预测"，以及"处于经济衰退之中的交易者如何应对"等问题通常会被反复提及。对市场参与者而言，每一次金融危机都是崭新的，因为每次金融危机的背景、触发事件以及市场影响都是不同的，这增加了理解和应对金融危机的难度，但这不意味着我们对之前金融危机的总结和分析没有意义。对过去每一次金融危机的发生原因和处置结果的总结都有利于应对下一次危机。

第一章 理解和应对金融危机

第一节 国债收益率倒挂和经济衰退

在过去的40多年里，美国市场六次经济衰退之前都出现了长短端国债收益率倒挂的现象，即短期国债收益率高于长期国债收益率。市场普遍认为收益率倒挂是随后一两年内出现经济衰退的信号。2022年，美联储连续大幅加息，美国10年期与2年期国债收益率从2022年7月开始又一次出现了倒挂，引发了市场对未来美国经济衰退的担忧。本书基于预期理论、风险偏好理论等收益率曲线结构理论，分析了为何市场认为收益率倒挂可以预言经济衰退，以及该指标为何在预测日本和德国等其他发达经济体的经济衰退时失效。

一、2022年和2019年的美国国债收益率倒挂

离我们最近的两次美国国债长短端收益率倒挂分别发生在2019年和2022年。2019年8月14日，美国10年期国债收益率快速下行，10年期国债收益率自2007年以来首次低于2年期国债收益率。此次收益率倒挂的出现并非突如其来，2018年上半年就早有趋势。2018年4月以来，10年期和2年期美国国债收益率利差逐渐下降，2018年4月，利差维持在100基点（BP）① 左右，而到了2018年10月，利差最低已经降至30基点左右，为2010年以来的最低。这并不是美国国债收益率曲线在2007—2008年金融危机后首次出现倒挂，美国国债收益率曲线

---

① 一个基点（Basis Point，简称BP）的定义为"百分之零点零一（0.01%）"，即万分之一。

自2018年下半年开始走平。2018年12月,中期和短期美国国债收益率,即5年期和2年期国债收益率出现了倒挂,距离上一次发生于2007年金融危机期间的2年期和5年期美国国债收益率倒挂已有11年之久。5年期和2年期美国国债收益率倒挂已经在2018年引发了一轮市场讨论,但市场对10年期和2年期美国国债收益率倒挂的反应更为热烈,因为市场普遍认为10年期和2年期国债收益率倒挂是经济将出现衰退的信号。

2022年的4月1日和4月4日曾短暂出现过美国10年期和2年期国债收益率倒挂,但是更为持续的10年期和2年期国债收益率倒挂出现在2022年7月6日,本次倒挂截至2022年12月30日仍没有恢复,并且倒挂最深到达过84个基点,为近30年最深。

图1-1显示了20世纪70年代以来美国10年期和2年期国债收益率利差的变化以及美国经济衰退周期。图中黑色实线表示美国10年期和2年期国债收益率利差,灰色阴影表示美国经济衰退时期。从图中可以看出,历次美国市场出现经济衰退前都出现过10年期和2年期国债收益率负利差。比如,2008年全球金融危机发生之前,美国10年期和2年国债收益率利差在2006年和2007年都曾经变为负数。

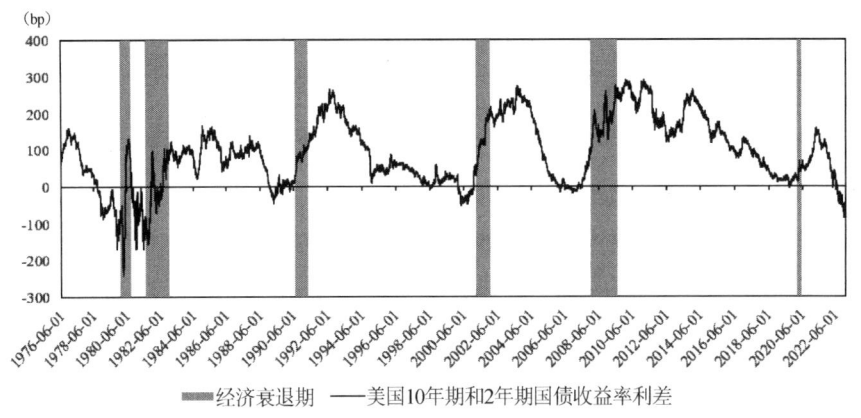

图1-1 美国10年期和2年期国债收益率利差和经济衰退的关系

资料来源:美联储。

表1-1统计了持续天数在3个交易日以上的美国10年期和2年期国债收益率倒挂和经济衰退期的时间关系。可以总结出10年期和2年期国债收益率倒挂和美国经济衰退在时间先后上有以下特点：第一，负利差持续时间越长，其"预测"经济衰退的能力越高。持续时间长于100个交易日的负利差的预测效果最好，基本在负利差首次出现后的1年到1年半内，就会出现经济衰退。而持续期较短的负利差的预测效果一般。第二，经济衰退前可能会出现多次长短端收益率倒挂，近年来该趋势更加明显，2007年12月—2009年6月的全球经济衰退期之前，共出现了4次美国10年期和2年期国债收益率倒挂，持续时间从7个交易日到204个交易日不等。

表1-1 美国10年期和2年期国债收益率倒挂和经济衰退的关系

国债收益率倒挂区间	倒挂持续时长（交易日）	经济衰退区间	倒挂领先衰退
1978年8月18日—1980年5月1日	445天	1980年1月—1980年7月	16个月
1980年9月12日—1981年10月23日	291天	1981年7月—1982年11月	10个月
1982年1月20日—1982年7月16日	130天		在经济衰退期间发生的倒挂
1988年12月13日—1988年12月21日	7天	1990年7月—1991年3月	18个月
1989年1月4日—1989年6月29日	127天		17个月
1989年8月11日—1989年10月11日	44天		11个月
1990年3月8日—1990年3月29日	16天		在经济衰退期间发生的倒挂
1998年6月9日—1998年7月9日	23天	2001年3月—2001年11月	33个月
2000年2月2日—2000年12月28日	237天		13个月

续表

国债收益率倒挂区间	倒挂持续时长（交易日）	经济衰退区间	倒挂领先衰退
2006年1月31日—2006年3月7日	26天	2007年12月—2009年6月	23个月
2006年3月21日—2006年3月29日	7天		21个月
2006年6月8日—2007年3月20日	204天		18个月
2007年5月3日—2007年6月5日	24天		7个月
2019年8月27日—2019年8月29日	3天	2020年2月—2020年4月	6个月
2022年7月6日—2022年12月30日	截至2022年12月30日，倒挂已经持续了123个交易日	—	—

资料来源：美联储。

二、收益率倒挂预言经济衰退的理论基础

美国市场10年期和2年期国债收益率倒挂可以"预言"经济衰退的原因，市场对此并没有权威性定论，多个理论试图解释该现象。根据收益率曲线结构的无偏预期理论，在市场均衡的情况下，远期利率代表了市场对未来即期利率的预期。因此，当市场看衰未来经济时，会预期未来短期利率下降，主要有两个依据：第一，根据费雪效应（Fisher Effect），名义利率等于真实利率加通胀预期，因此，当市场预期未来经济较差时，通胀预期下降，未来的名义利率也会下降；第二，经济衰退时，央行倾向于采取宽松的货币政策，使利率降低。因此，在市场认为经济衰退将会出现时，长期国债收益率会降低，10年期和2年期国债收益率因此出现倒挂。

根据风险偏好理论，投资者是风险厌恶型的，一般情况下，投资者偏好持有短期债券，因为短期债券的风险低于长期债券。为了吸引投资者持有期限较长的债券，必须向他们支付风险补偿，因此一般情况下收益率曲线是向上倾斜的。但是，如果市场判断短期内将会出现经济衰退时，则投资者会认为短期债券的风险将高于长期债券，更愿意持有长期限债券，因此导致收益率倒挂。这在一定程度上可以解释10年期和2年期国债收益率倒挂对经济衰退的预测效应，由于经济衰退一般持续1年至2年，交易者会避免持有2年期以下的债券，因为如果短期债券在金融危机期间到期，投资者再投资的收益率会更低，这就导致2年期债券收益率的上升较为显著。

还有部分研究者认为利率倒挂之所以可以预言经济衰退，是受央行的货币政策的影响。当央行货币政策收紧时，短期利率会首先上升，长期利率上升的幅度会小于短期利率，因此导致利率倒挂。而货币政策收紧将最终造成经济增长缓慢，导致出现经济衰退的可能性增加。美国长短期国债收益率自2022年年中开始出现倒挂，是美联储连续大幅加息导致的，正是符合这个情况。

虽然诸多理论都试图解释收益率倒挂先于经济衰退发生的原因，但都无法完全解释收益率倒挂对经济衰退的预测性，比如：为何只有国债收益率倒挂才对经济衰退具有预测性，国债收益率曲线变平却无法预测经济衰退；利差较小和利差为负，在预测经济衰退方面为何有质的不同。

曲线变平的情况经常出现，并且可能持续时间较长，比如在1994年底，美国10年期和2年期国债收益率利差为10个基点左右，该状态持续了9个工作日，并且在此后的5年内，国债收益率曲线都维持在较为平坦的状态。然而，直到2000年第一个季度，10年期和2年期国债收益率利差才变为负数，然后在2001年第一季度美国市场出现经济衰退。

三、我国和其他主要经济体的国债收益率倒挂和经济衰退

我国和其他主要经济体也出现过国债收益率倒挂,但其"预测"经济衰退的能力却不如美国市场。

(一) 我国国债收益率倒挂

相比欧美市场,我国 2 年期国债和 10 年期国债收益率发生倒挂的情况并不多见。2002 年至 2022 年的 20 年间,分别在 2003 年 6 月、2013 年 6 月、2017 年 5 月和 2017 年 6 月出现过 4 次 10 年期和 2 年期国债收益率利差为负数的情况,并且每次持续的时间都很短,最短只维持了 1 个交易日,最长也仅维持了 5 个交易日(见表 1-2)。这仅有的 4 次国债收益率倒挂出现之后,也没有必然出现经济衰退,只有 2017 年的国债收益率倒挂之后出现了经济衰退的迹象。

表 1-2　我国 10 年期和 2 年期国债收益率倒挂和经济衰退的关系

国债收益率倒挂区间	倒挂持续时长(交易日)	经济衰退区间①	倒挂领先衰退
—	—	1990 年 1 月	—
2003 年 6 月 10 日	1 天	—	—
—	—	2009 年 1 月	—
2013 年 6 月 24 日	1 天	—	—
2017 年 5 月 17 日—2017 年 5 月 23 日	5 天	—	8 个月
2017 年 6 月 13 日—2017 年 6 月 20 日	5 天	—	7 个月
—	—	2018 年 2 月	—
—	—	2020 年 1 月至 4 月	—

资料来源:Wind。

---

① 判断经济增长率基于国家统计局公布的工业增加值当月同比数据,工业增加值当月同比数据为负数,即认为当月出现衰退。

我国国债收益率曲线倒挂情况出现得较少以及对经济衰退的"预测"能力较弱和我国国债收益率曲线编制工作起步较晚有关。美联储早在20世纪70年代就开始了国债收益率曲线的编制工作，而我国的中央国债登记结算有限责任公司从1999年起才开始编制发布人民币国债收益率曲线，直到2006年还在探索建立曲线插值和编制方法。在2013年十八届三中全会提出"健全反映市场供求关系的国债收益率曲线"后，市场各方才明确了国债收益率曲线的市场基准地位，提高了对国债收益率曲线建设的重视程度。很长一段时间内，国债收益率曲线的市场化程度较低，无法完全反映市场观点。

（二）日本国债收益率倒挂

日本国债收益率倒挂并没有成为预测其经济衰退的信号。表1-3总结了日本经济衰退和日本国债收益率倒挂之间的关系。本书判断日本经济是否衰退以GDP增长率为标准，当GDP增长率[①]为负数，则我们认为出现了经济衰退。

表1-3　日本10年期和2年期国债收益率倒挂与经济衰退的关系

国债收益率倒挂区间	倒挂持续时长（交易日）	经济衰退区间	倒挂领先衰退
—	—	1974年3月—12月	—
1989年5月29日—1989年6月8日	9天	—	—
1989年7月10日—1989年7月31日	16天	—	—
1989年9月6日—1991年9月5日	494天	—	—
—	—	1997年12月—1999年6月	—

---

① 判断经济增长率使用了日本内阁府公布的不变价GDP当季同比数据。

续表

国债收益率倒挂区间	倒挂持续时长（交易日）	经济衰退区间	倒挂领先衰退
—	—	2001年9月—2002年6月	—
—	—	2008年6月—2009年12月	—
—	—	2011年6月—9月	—
—	—	2012年9月—12月	—
—	—	2014年6月—2014月12月	—
—	—	2018年12月—2019年3月	—
—	—	2019年12月—2021年3月	—

资料来源：Wind。

从20世纪90年代开始，日本出现了多次经济衰退，但10年期和2年期国债收益率倒挂出现的次数较少，仅在1989—1991年密集地出现过。和日本国债收益率倒挂距离最近的经济衰退出现在1997年，但此次经济衰退和国债收益率倒挂之间的间隔也足足有87个月。2008年开始，日本又出现了多次经济衰退，GDP增长率经常出现负数，但是国债收益率曲线却未出现倒挂。

日本国债长短端收益率出现倒挂的情况较少和日本金融市场的负利率环境有关。从1995年开始，日本2年期国债收益率降到了1%以下，2014年12月，日本2年期国债收益率开始出现了负利率，10年期国债收益率在2016年2月也变为了负数。在这样的情况下，收益率曲线短端的上升空间较为有限，倒挂很难出现。

（三）德国国债收益率倒挂

虽然和日本的情况略有不同，但德国国债收益率倒挂对经济衰退的预测能力也较弱。表1-4总结了德国经济衰退和德国国债收益率倒挂之间的关系，同样以GDP负增长率作为判断经济衰退的标准[①]。

---

① 判断经济增长率基于德国统计局公布的不变价GDP当季同比数据。

表1-4　德国10年期和2年期国债收益率倒挂和经济衰退的关系

国债收益率倒挂区间	倒挂持续时长（交易日）	经济衰退区间	倒挂领先衰退
—	—	1974年12月—1975年9月	—
—	—	1980年12月—1981年3月	—
—	—	1982年9月—1982年12月	—
1990年11月16日—1992年11月19日	502天	1993年3月—1993年12月	4个月
1992年11月30日—1993年1月1日	25天		2个月
2000年8月11日—2000年8月28日	12天	2003年3月—2003年12月	31个月
2006年12月7日—2006年12月15日	7天	2008年12月—2009年12月	36个月
2007年3月13日—2007年3月21日	7天		21个月
2008年6月5日—2008年6月11日	5天		5个月
—	—	2012年9月—2013年3月	—
—	—	2020年3月—2021年3月	—
2022年11月10日—2022年12月30日	36个交易日	—	—

资料来源：Wind。

在德国，国债收益率倒挂并不能作为经济衰退的信号，经济衰退之前的一两年内一般都没有国债收益率倒挂情况的发生，1993年、2003年和2008年的经济衰退发生前3年内出现了国债收益率倒挂，最近的2012年和2020年的经济衰退前则没有出现长短期国债收益率倒挂。

国债收益率倒挂对经济衰退的预测作用在德国市场失效的可能原因有两个：一是欧元区的货币政策由欧洲央行决定，德国央行无法独立制定货币政策。二是德国也进入了负利率环境。从2011年8月开始，德国 2 年期国债收益率降到 1% 以下，2012 年 7 月又进一步降为了负数。和日本市场的情况类似，进入负利率时代后，国债收益率曲线短端的上升空间有限，长短端收益率出现倒挂的可能性进一步降低。一个证据就是在 2022 年欧洲央行加息开始前，2008—2022 年，德国未出现过 10 年期和 2 年期国债收益率倒挂。

四、2008 年金融危机后国债收益率倒挂对经济衰退的预测能力

美国过去 6 次的经济衰退之前都发生过或长或短的长短端国债收益率倒挂，而在我国、德国和日本，长短端国债收益率倒挂对经济衰退的预测能力较弱。2008 年金融危机后，美联储的宏观审慎监管行为发生了很大变化，在当前的情况下，即使在美国市场，国债长短端收益率倒挂作为经济衰退先行指标的能力进一步减弱。

宏观审慎当局开始使用非传统货币政策工具。金融危机后，美联储开始实行量化宽松（Quantitative Easing，简称 QE），通过大量买入长期国债的方式来抑制利率上升。虽然美联储在 2022 年 3 月结束了量化宽松，开始了量化紧缩（Quantitative Tightening，简称 QT），但经过多轮的量化宽松（见图 1-2），2022 年 12 月底，美联储持有约 5.5 万亿美元的美国国债，占美国国债存量的 18% 左右。传统上，宏观审慎监管机构通过影响短期利率来影响长期利率，但在量化宽松政策下，监管机构买入大量长期债券的行为可以直接影响长期国债收益率，即直接降低长期国债收益率。

除此之外，国债收益率倒挂可以预言经济衰退的理论解释之一是，投资者对经济的预期会通过国债收益率曲线得到体现，但外国投资者持有美国国债的行为导致收益率曲线的形状变化并不是完全由投资者对经济的预期决定的。截至 2022 年 11 月，外国投资者持有美国国债 7.2 万亿美元，占美国国债存量的 23%。2002 年初，外国投资者持有美国国

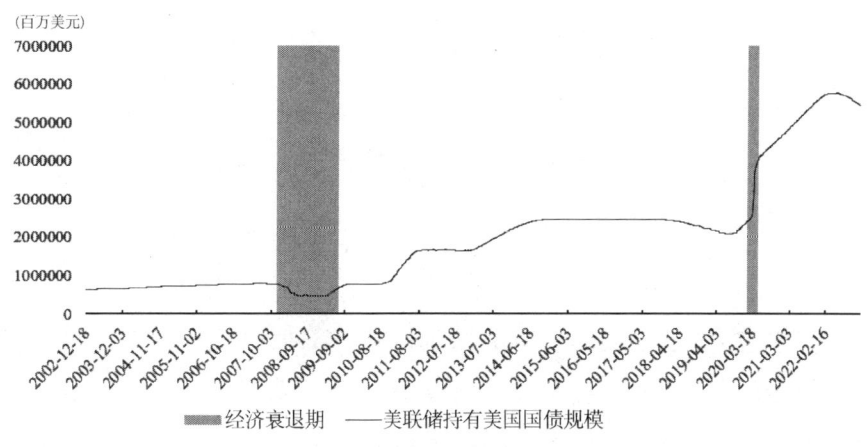

图1-2 美联储持有美国国债规模

资料来源：美联储。

债的规模仅有1万亿美元左右，占美国国债存量的17%，而2013—2014年，境外投资者持有美国国债存量的比例高达34%。外国政府机构买卖美国国债并非完全出于经济考虑，比如2018年6月—2019年6月，中国减持美国国债，而日本增持美国国债，境外投资者的买卖行为影响了收益率曲线的形状。

概括而言，由于负利率环境以及货币政策无法自主制定等因素，日本和德国的国债收益率倒挂对经济衰退的预测力较差。而即使是对"预测"准确度一直较高的美国市场而言，美联储货币政策的改变和投资者结构的变化也使美国国债收益率曲线反映经济预期的能力减弱了。即使是国债收益率曲线反映了市场对经济预期的判断，长短端国债收益率曲线倒挂并不意味着经济衰退不可避免，国债长短端收益率倒挂通常意味着经济更容易受到外部冲击的影响。当国债收益率倒挂发生时，如果出现外部冲击，经济衰退不一定必然发生，但相对容易发生。

第二节　用金融脆弱性理论解释当代金融危机

金融行业的通常认知是，金融危机是外部原因造成的，比如2020年新冠疫情导致的全球经济衰退以及2022年俄乌冲突导致的全球主要经济体的通胀危机。这些外部因素是金融系统本身无法左右的，因此，金融系统在面临外部冲击导致的金融危机时只能被动应对。但 Minsky[①] 的金融系统不稳定假设认为，金融危机并非来源于外部刺激，而是由金融系统本身的脆弱性导致。该理论可以为我们理解和应对金融危机提供一个新的思路——市场参与者或许可以提早准备，以防止金融危机的发生。最初的金融脆弱理论基于企业利用银行进行融资的行为，因为在 Minsky 提出该理论时，衍生品市场还处于发展阶段，但在金融衍生品的影响已经不能被忽视的当下，有必要基于衍生品业务对金融脆弱性理论进行重新阐述。

一、金融系统脆弱性理论基本概念

（一）Minsky 的金融系统不稳定假设

金融系统脆弱性的概念来源于20世纪80年代的经济学家 Hyman Minsky 的金融系统不稳定假设（Financial Instability Hypothesis）[②]。在解

---

① Lance Taylor, Stephen O'Connell, 1985. A Minsky Crisis. The Quarterly Journal of Economics, vol. 100, issue Supplement.

② Hyman P. Minsky, 1977. The Financial Instability Hypothesis: An Interpretation of Keynes and an Alternative to "Standard" Theory. Nebraska Journal of Economics and Business, 16 (1), 5–16.

释金融危机的起因时，Minsky 认为，金融危机并非由外部刺激导致，而是由金融系统本身的结构所致，即金融系统本身存在脆弱性。当市场处于压力状态或者市场情绪恶化时，金融系统的脆弱点被激发，并最终导致系统性风险。

该理论认为，危机是资本主义经济的固有属性，而这种危机反复出现的趋势是由公司的融资行为决定的，并由此定义了三种融资类型——对冲式融资（Hedge Financing）、投机式融资（Speculative Financing）和庞氏骗局式融资（Ponzi Financing）。

对冲式融资意味着融资方的收入和资产能足够偿还其债务本金和债务利息，当一次金融危机结束后，市场处于增长的初级阶段，市场参与者对上一次金融危机依旧记忆如新，风险厌恶程度较高，因此对冲式融资占企业融资行为的绝大部分。然而，随着对冲式融资带来的经济收入的增加和市场对危机记忆的淡忘，投机式融资行为逐渐占据主导，即公司从依靠内部现金流支持其债务转向通过再融资支持其债务。换句话说，公司产生的现金流仅可以支付融资利息，而必须依靠再次借贷来偿还债务本金。而当公司的收入减少，同时市场利率升高，市场环境变化将进一步推动公司的融资形式由投机式融资转变为庞氏骗局式融资，此时公司的收入不仅不够偿还本金，也不足以偿还利息，公司只能通过增加债务来偿还旧债，市场债务规模不断升高，庞氏骗局融资终将市场引导至衰退。

概括而言，Minsky 金融系统脆弱性理论基于两点假设：第一，金融市场的发展中存在稳定和不稳定的融资方式；第二，经过一段长时间的繁荣期后，支撑经济的融资方式将由稳定型向不稳定型转变。

（二）金融系统脆弱性理论与监管干预

金融系统脆弱性理论在其初见于世的 20 世纪 80 年代并没有得到市场参与者和监管者的重视。2007—2008 年的全球金融危机之后，金融市场脆弱性理论由于其对危机的良好解释能力，重新得到了学术界和监管层的关注。根据市场脆弱性理论，互联网引发的新型经济行为、金融创新和全球化进程给经济带来了长期增长，也增加了全球经济的脆弱性。经济繁荣使各经济主体过度乐观，于是各经济体承担了大量债务，因此可以认为2007—2008年爆发的全球范围的金融危机是金融机构的运营和发展导致的。为了防止此类金融危机再次发生，必须对金融机构进行深入的改革。

Minsky支持政府对宏观经济和市场参与者进行干预。他认为，政府的宏观经济政策可以防止金融系统在经济发生衰退时崩溃，他支持在市场衰退期使用扩张型的财政和货币政策，因为通过扩张型的财政政策可以增加需求，帮助私营部门增加收入，以供其偿还债务，防止私营部门破产。同时，扩张型的货币政策可以提高金融市场的流动性，使面临坏账和客户取款压力的金融机构可以继续运营。可以看到，2023年第一季度，美联储在硅谷银行等商业银行出现流动危机时的流动性提供行为，就可以通过Minsky的理论进行解释。

金融不稳定假设还是解释"顺周期（Procyclicality）"的关键。金融市场的顺周期效应主要由市场参与者的风险评估行为导致：在经济扩张期，风险会被低估，而在经济紧缩期，风险会被高估。经济扩张会给市场参与者带来虚幻的乐观主义和安全感，这通常会直接导致对企业信用评级的高估和宽松的信用环境。各国的监管部门由此才意识到逆周期管理在金融市场宏观审慎管理中的重要性。

二、新背景下的金融脆弱性理论

虽然金融脆弱性理论诞生于衍生品市场初现雏形的20世纪80年代，但该理论对于解释衍生品市场蓬勃发展背景下爆发的金融危机仍有很高的效力。

(一) 用金融脆弱性理论解释当代金融市场危机

1. 2008 年巴西外汇市场危机

2008 年美国次贷危机中，美国雷曼兄弟公司的倒闭终结了长期以来巴西经济身处的宽松国际环境。2008 年 9 月，随着国际流动性大幅下降，巴西出口迅速减少，对外出口扩张受到限制。2008 年下半年，巴西货币——雷亚尔兑美元贬值 50%，年贬值幅度达 34%。随之而来的银行体系恐慌很快蔓延到生产部门及居民生活，巴西的国内生产总值下降。

致使巴西陷入困境的 "Minsky 时刻"① 源自巴西外汇市场投机泡沫的破灭——危机前巴西非金融企业对外汇衍生品的无度扩张使其在面临国际市场压力的情况下触发了金融市场的脆弱性，引发了更大范围的经济衰退。尽管这一过程发生在衍生品市场，但仍可借用 Minsky 的金融脆弱性假说予以解释。

第一阶段：非金融企业参与外汇衍生品对冲型交易

1999 年，巴西为避免经济外部冲击，开始采取有管理的浮动汇率制度，并将盯住通胀作为最主要的货币政策目标（Inflation Targeting Regime）。巴西央行被授权采用一系列工具干预外汇及利率市场，由于直接干预外汇市场的操作成本较高②，则外汇掉期（FX Swap）③ 和货币互换（Currency Swap）④ 这两种外汇衍生品成为巴西央行最重要的汇率

---

① Minsky 时刻（Minsky Moment），是指在信贷周期或者商业周期中，资产价格的突然大幅下跌。
② 为保持短期利率水平符合该时期内的通胀目标，就必须在本币市场开展额外操作。例如，雷亚尔币值过高时，央行在外汇市场投放本币、收回美元，可使汇率回复，但同时改变了本币供求关系与外汇储备规模，为保持短期利率不变，需要在本币市场开展正回购回笼本币。
③ 外汇掉期（FX Swap），是指在期初以即期汇率（Spot Rate）将货币 A 换为货币 B，在期末再以期初约定的远期汇率（FX Forward Rate）将货币 B 换回货币 A 的衍生品合约。
④ 货币互换（Currency Swap），又称交叉货币互换（Cross - Currency Swap），是指在期初按照约定汇率将货币 A 换为货币 B，并在合约存续期间定期和对手方交换货币利息，最后在期末按照和期初相同的汇率将货币 B 换回货币 A 的衍生品。货币互换和外汇掉期是不同的衍生品，英文名称不容易令人误解，但中文翻译容易令人混淆，因此为了区分二者，衍生品行业习惯将"FX Swap"中的"Swap"一词翻译成"掉期"，将"Currency Swap"中的"Swap"一词翻译成"互换"。

干预工具。巴西的进出口企业成为央行外汇衍生品交易的重要交易对手。通过参与外汇衍生品，进出口企业面临的汇率风险被转移给了巴西央行，因此，在2005—2007年巴西雷亚尔升值阶段，大量的巴西出口企业仍得以存活。

第二阶段：非金融企业衍生品业务的过度扩张

然而，从与央行进行外汇衍生品交易中尝到甜头的出口企业不再满足于开展对冲交易稳定收益，而是寻求利用当时本币持续升值的环境，通过场外衍生品获取更多交易利润。Minsky理论揭示，此时出口企业的交易动机从对冲型交易逐渐转化为投机型交易。从外汇衍生品交易中获得的收益使巴西出口企业乐观地认为雷亚尔升值将是长期趋势，巴西出口企业开始与各类金融机构开展额外的衍生品交易，甚至构成了"复式投注"（Double Bet），即在远期市场卖出美元，同时卖出美元看涨期权。在双重看空美元的操作下，此类企业通过场外衍生品承担的风险敞口已远超出其出口经营规模，在市场向不利方向变动的情况下极易出现流动性缺口。

巴西出口企业过度累积的风险敞口在国际环境发生变化后急转直下，并引致了更广泛的金融市场流动性失衡。2008年上半年，巴西市场的美元流入规模达143.8亿美元，这一现象并非经济因素引致的资本出逃，而源自企业涌现的美元买入需求：本币出现贬值预期后，商业银行选择行使买入美元权利，巴西出口企业为履行合约，在现货市场大量购入美元，进一步推动了本币贬值，拉大了外汇市场的波动，形成了相互强化的循环过程。

金融脆弱点在外力变化时产生了系列连锁反应，本应因本币贬值获利的出口企业因其投机型交易的扩张，在本币贬值的过程中反而成为损失最为惨重的群体。在生产部门信用风险快速上升及国际金融危机不确定性的影响下，巴西商业银行进一步收紧信贷供给，影响了投资、企业生产、居民消费等多项指标。之后，由于巴西央行过度追求盯住通胀目标的决策出现失误，未能及时下调基准利率并配合卖出美元，进行公开市场操作，使危机中巴西金融体系的流动性枯竭，进一步影响了经济发展。到2008年12月，巴西工业产出同比缩减了12%以上。

2. 2015年中国股市异常波动中杠杆资金凸显的金融脆弱性

2015年6月，我国股票市场出现了持续异常波动。6月26日起的一周内，上证综指下跌18.54%，创业板指数下跌18.75%，6个交易日内4次出现千股跌停。与之形成鲜明对比的是，2014年至股市异常波动前长达一年半的时间内，中国股票市场结束了长期的低迷调整，出现持续上涨的喜人态势，大批新股民、新资金入市，创造了三个月内大盘市值翻倍的"神话"。这一轮上涨一方面与货币政策宽松、资本市场改革发展、产业利好等因素有关，更重要的是杠杆资金的滥用与股市上涨带来的盲目乐观情绪相互强化，使此次异常波动暴露出金融市场固有的脆弱性问题。

第一阶段：产业政策利好叠加资本市场改革带来市场复苏

我国股票市场自2008年大跌后，经历了漫长的低迷盘整时期。2013年6月25日，上证综指触及2008年以来的低点——1849点。其后一年中，十八届三中全会出台的新"国九条"部署资本市场改革发展，发展直接融资市场服务实体经济成为各方共识，注册制改革和沪港通等支持资本市场开放的政策密集出台，市场预期开始向好。资产证券化、场外衍生品等证券行业创新业务先后获批，"两融"标的扩容，修订后的《证券公司风险控制指标管理办法》降低了券商净资本的要求，经营杠杆提升。另外，新兴产业迎来发展新机遇，工信部、国家发改委、国务院等先后发文推动高效节能环保低碳发展，办公厅发文支持创业投资企业健康发展。

一系列利好政策使蛰伏多年的投资者逐渐走出上一次股市大跌的阵痛期，对股票市场交易重焕热情。环保、传媒、手游、移动互联网等板块出现领涨，至2014年6月，创业板指数年累计上涨31%，率先出现复苏迹象。

第二阶段：杠杆资金加速入场

正如 Minsky 金融脆弱性假说中的代际遗忘解释（Generation Ignorance Argument），上次市场大跌已经久远，而一系列利好事件促成的金融市场繁荣现象使投资者忘记了危机的痛苦经历。持续上涨的市场趋势推动了更多的资金，甚至新股民入市。2014 年 7 月 28 日，上证综指自历史低点转折向上，出现了 2.41% 的单日最大涨幅，成交额达 1804 亿元，较前日扩大 62%。

这一轮上涨相比以往出现了更为明显的杠杆特征。其中，于 2010 年起启动的场内融资在 2014 年下半年迎来了翻番的爆发式增长，2014 年 8 月、9 月、10 月均增长了 900 亿元。11 月至 12 月，股市的快速上涨使"两融"担保品市值增加，客户可融资额度随之水涨船高，出现了股市上涨与融资规模扩张的相互加强与循环现象，融资规模分别新增 1200 亿元和 2000 亿元，到 2014 年末余额突破万亿元。场内融资业务受到中国证监会、交易所及证券公司的严格监管，开户须满足较高的资金门槛，必须持有与融资规模 50% 相当的资产，实施每日盯市及结算。因此，尽管场内融资并不用于对冲目的，但仍属于资产与债务现金流可相对维持平衡的"对冲型交易"。

第三阶段：场外配资等投机型交易终引发瀑布式下跌

2015 年，中国证监会持续开展券商检查，严格收紧"两融"业务，一度使股市出现连日下跌。具体来说，2015 年 1 月 16 日及 1 月 28 日，中国证监会分别宣布结束对 45 家券商融资类业务的现场检查及启动对剩余 46 家券商的现场检查。当日起，上证综指、中小板指数 4 日连续下跌，累计跌幅分别达 6.70%、3.42%；创业板指数 3 日连续下跌，累计跌幅达 3.62%。但"两会"后"一带一路""互联网+""工业 4.0"等行业概念与宽松的货币环境仍使股票市场转头向上。2014 年 11 月 21 日，央行自 2012 年 7 月以来首度宣布降息，之后，2015 年 4 月 20 日、

5月11日分别进行了降准及二次降息。5月11日,创业板指数上涨5.83%,收于3147点,首次突破3000点大关,上证综指大幅上涨3.04%,至4333点。各类杠杆资金在此推动下前赴后继入市。2014年第四季度至2015年第一季度,人民币贷款增量与经济走势呈现反向关系,说明信贷资金并未全部流向实体经济领域,部分资金通过各种渠道进入了股市。

以HOMS系统为代表的场外配资逐渐成为最为集中的杠杆资金来源。恒生电子、铭创软件及同花顺开发的配资系统实现了便捷分仓管理,具备强平止损等基本风控功能,突破了账户实名制的监管要求。场外配资规模不断上升,从事场外配资的公司中更是出现了许多风控意识较弱的民间配资公司,征信环节缺失、客户资质良莠不齐、承险能力低下、信息透明度差、资金来源混杂。场外配资的杠杆水平明显高于其他融资方式,多在4倍至10倍。相当比例的客户高度依赖股价上涨的预期现金流入,却无力承担股价下跌的损失,资产与负债现金流无法匹配,流动性缺口风险极高,具有显著的投机型交易特征。据中国证券业协会测算,2015年场外配资总额约为5000亿元。

在杠杆上涨的驱使下,股市投机型交易进入狂热期,逐渐成为市场主流,后期出现了个别中小投资者孤注一掷盲目参与配资炒股、无法追加保证金导致被强平的极端案例。中国证监会为此紧急发文彻查场外配资,成为终结股市因杠杆积累持续上涨的"Minsky时刻"。各类投机型参与者仓皇出逃引致市场下跌,现金流枯竭致使各类杠杆资金大面积爆仓强平,杠杆中介为抵补损失紧急变卖资产,引发了市场的进一步急剧下挫。

这轮行情中,融资融券、收益互换(Equity Swap)等杠杆资金显现出金融工具丰富化的新趋势,是资本市场迈向成熟的标志。然而,融资工具的发展必须有相应成熟的制度及对合规底线的坚持,否则,债务的持续积累必将成为金融市场的软肋,在面临外部压力时就会出现断崖式的"Minsky 时刻"。

(二) 金融脆弱性理论在衍生品市场的应用

在 Minsky 首次提出市场脆弱性理论的 20 世纪 80 年代初,全球衍生品市场的发展和创新尚处于初级阶段,Minsky 本人并未对衍生品和系统脆弱性的关系进行过多描述和分析。从 20 世纪 80 年代初至今,金融市场已经发展了将近 40 年,发达市场的银行业也已经逐渐从传统贷款业务偏离,表外业务和资产证券化业务逐渐占据业务主体,这一切都和衍生品的使用有关。在这样的背景下,Minsky 市场脆弱性理论也需要进行适当的演化——原始的金融脆弱性理论强调资产所有权及融资相关的现金流,当衍生品业务在金融市场中占绝对优势时,可以通过相同的逻辑重点分析和衍生品有关的行为和现金流。具体而言,在衍生品市场繁荣发展的背景下分析金融市场脆弱性的来源,首先需要识别以下三类衍生品市场参与者。

对冲型参与者:这类参与者的现金流收入可以完全支持其衍生品交易损失,因此不管衍生品市场情况如何,对冲型市场参与者的持仓价值为正。

投机型参与者:投机型投资者的现金流收入和现金流支出并不是完全匹配,其当前的现金流收入不能完全覆盖现金流支出,必须通过回购交易或者衍生品交易来进行融资,但其未来的现金流收入可以覆盖其回购利息和衍生品交易成本。投机型投资者的现金流缺口和市场情况有关,当市场情况较差时,短期流动性缺口会增大。

中介型参与者:是以赚取佣金或者融资利息为目的中介,一般是银行,他们为投机型参与者提供资金,即融资流动性。

当对冲型参与者的市场占比较高时,金融系统通常较为稳健。对冲型参与者可以是实体企业,也可以是利用金融衍生品对冲其金融资产波动的金融机构。此时即使市场出现大幅单方向变动,大部分参与者的价值为正，市场流动性依然充足，占市场少数的投机型参与者依然可以获得融资，以度过短期的现金流不足。随着衍生品交易收入的升高，市场参与者中投机型参与者的比例会逐渐升高——会有新的投机型参与者加入金融市场，而部分对冲型投资者会增加杠杆，转变为投机型参与者。

当投机型参与者成为市场的主流，金融系统就进入了不稳定的状态。一般而言，投机型投资者通过中介型参与者提供融资来应对短期的现金流短缺问题，继续为市场提供交易流动性，市场维持在一个微妙的平衡中。但当任何负面刺激出现时，市场会出现大规模投机型参与者现金流短缺的情况，中介型投资者出于风险考虑则会中断其流动性供应，导致融资流动性（Funding Liquidity）危机。由于缺乏流动性，投机型参与者只能低价紧急变卖资产，从而又引发了交易流动性（Transaction Liquidity）危机。

三、基于市场脆弱性理论强化衍生品交易风险管理

衍生品是当代金融系统中最重要的风险管理工具。衍生品市场的运行需要依靠投机行为提供流动性，一般情况下，金融系统会稳定运行，当市场不稳定时，由投机行为提供流动性的缺陷就会显著地暴露出来。危机中，投机者会在第一波出逃，因此，市场流动性会首先消失。市场需要投机型参与者为交易提供流动性，但投机型参与者过多又会造成金融系统不稳定，当代金融系统的市场结构，决定了脆弱性将一直伴随其存在。因此，在对衍生品进行风险管理时有必要同时从稳定融资流动性和交易流动性两个角度出发，重视逆周期管理。

逆周期管理的本质是防止参与者在市场扩展时低估风险，以及在市场压力时高估风险，导致流动性紧张。在不同的经济周期中，对于不同的参与者类型，逆周期管理有不同的实现形式。

当市场开始从衰退中恢复，或是较为稳定时，逆周期管理的意义在

于避免金融脆弱点的爆发。对于市场监管者，逆周期管理意味着在市场扩张时，监管者应该对交易者施加更高的资本金和流动性要求，谨慎规范交易杠杆。这些手段一方面可以防止市场过热，另一方面可以确保市场参与者在经济突然出现逆向刺激时有足够的流动性；对于中央对手方[①]等金融市场基础设施，逆周期管理意味着不能在金融市场稳定时过度降低保证金等风控要求。对于市场交易者，应该有意识地控制投机型交易规模，控制交易杠杆，并注意流动性管理，预防危机出现时因投机者出逃而出现流动性短缺。

而当市场危机开始凸显，逆周期管理的实质在于适当宽松，监管者应该为市场注入适当的流动性。交易所可以通过减少手续费等机制鼓励市场参与者提供流动性。中央对手方虽然有提高保证金的必要，但是应该谨慎考虑保证金的增长幅度，避免过高的保证金要求对市场融资流动性和交易流动性造成负面影响。

第三节　境外股灾中的救市措施

我国证券市场在 2015 年曾出现大幅下跌行情，为应对市场异动，证券市场和期货市场的监管者出台了一系列救市措施，其中争议最大的是熔断机制以及限制股指期货交易。纵览境外主要市场，由于政治、经济等原因，20 世纪 80 年代以来，欧美和亚太地区的国家和地区均经历过不同规模的股灾，比如美国 1987 年的股灾、泡沫经济破裂背景下的日本 1990 年的股灾和亚洲金融危机中的 1997 年韩国的股灾。股指期货

---

① 中央对手方，是指在交易中充当买方的卖方和卖方的买方的清算所或交易所，比如我国的期货交易所就是期货交易的中央对手方。

市场作为证券市场的风险转移市场，承受了不同程度的冲击。分别从市场信心恢复和市场功能恢复两个层面评价恢复情况，会发现各国不同的危机应对理念可能导致不同的"救灾"效果。

一、境外股灾概述

每一次股灾的成因和规模都是不一样的，因此，即使对于富有经验的市场监管者和市场参与者而言，他们每一次应对的都是新的情况，这是实施股灾救市措施的难度所在。在我国，衍生品市场可以卖空，并且可以采用杠杆交易机制，在股票市场出现极端行情时，其经常成为市场监管者和市场参与者关注的重点。其实，衍生品市场在股灾发生时到底起到何种作用，在境外市场发展实践中已经被反复讨论和验证了。美国1987年的股灾、1990年日本泡沫经济破碎出现的股灾，以及亚洲金融危机背景下的1997年韩国的股灾，都可以作为理解期货和现货市场联动的样本。

实际上，除了上述三个股灾事件外，美国证券市场在2010年出现过闪电崩盘[1]，而韩国证券市场在2000年[2]和2008年[3]也出现过大幅下跌行情。但是，对于寻找适合中国市场的股灾救市措施，美国1987年的股灾、日本1990年的股灾和韩国1997年的股灾的参考意义最大，表1-5进行了总结。虽然这三次股灾的背景、规模和过程都各不相同，但在这三次股灾发生时，这三个国家的股指期货都刚上市不久，市场尚处于完善阶段，特别是1997年亚洲金融危机中，韩国是亚洲危机中受创最严重的四个国家[4]中唯一有股指期货和股指期权的国家。

---

[1] 2010年5月6日，美国市场包括标普500、道琼斯工业平均指数等主要指数暴跌，其中道指下跌9%。
[2] 韩国KOSPI 200指数在2000年4月17日单日下跌超过12%。
[3] 韩国KOSPI 200指数在2008年10月22日至24日，两日下跌达16.78%。
[4] 分别是韩国、泰国、马来西亚和印度尼西亚。

表 1-5　　　　　　　　美、日、韩股灾情况总结

情况		1987 年美国的股灾	1990 年日本的股灾	1997 年韩国的股灾
股灾发生时股指期货上市时长		1982 年推出股指期货，1987 年股灾发生时，股指期货上市约 5 年	1988 年 9 月推出日经 225 股指期货，1990 年股灾发生时，日经 225 股指期货上市约 2 年	1996 年 5 月韩国推出了 KOSPI 200 股指期货。股灾发生时，KOSPI 200 股指期货上市约 1 年半 1997 年 7 月韩国推出了 KOSPI 200 股指期权，股灾发生时，股指期权上市只 3 个月
股灾背景	宏观背景	1987 年 10 月 18 日，美国宣布美元主动贬值	1. 日本央行采取紧缩性货币政策 2. 房地产价格下降	1. 韩国出口放缓 2. 短期外债增加，多家大型财阀集团债务违约或破产
	微观背景	股市经历了长期牛市，发展速度远超实体经济增速	1989 年股市价格大幅上涨	1. 股指期货和期权市场发展迅速 2. 监管机构取消了外资参与衍生品持仓的上限
股灾过程		1987 年 10 月 19 日，标普 500 指数单日跌幅超过 22%，标普 500 股指期货单日暴跌 33%，指数年化波动率上升到 48%，股指期货年化波动率上升到 72%	1990 年 1 月至 10 月，日经 225 指数由近 39000 点下跌到 20000 点左右，跌幅超过 65%	1997 年 9 月至 1998 年 9 月，KOSPI 200 指数由 100 点最低跌至 32 点附近，跌幅高达 70%
救市措施	事中措施	1. 交易所提高了股指期货保证金	1. 提高股指期货保证金 2. 缩小股指期货最小变动价位 3. 提高股指期货交易手续费 4. 缩短股指期货交易时间 5. 公开会员股指期货套利交易 6. 提高股指期货市场信息披露程度 7. 增设股指期货交易税	—
	灾后措施	1. 修改期权保证金计算参数 2. 1988 年引入熔断制度	—	1998 年 12 月 7 日引入熔断制度

续表

情况		1987年美国的股灾	1990年日本的股灾	1997年韩国的股灾
事中措施效果		现货指数下跌趋势得到缓解	现货指数跌幅并没有得到抑制	—
股灾恢复时间	经济恢复①	1年后股票指数回到1987年的股灾前水平	截至2023年1月，股票指数尚未回到1989年点位	股票指数在16个月后恢复至股灾之前高点
	市场运行质量恢复②	股指年化波动率在8个月后恢复至股灾前的水平——20%	股指波动率未能恢复至灾前水平，股指年化波动率由灾前的10%上升至20%	股指年化波动率在2年后维持在30%左右，但是依然高于前期17%的水平

资料来源：由作者整理。

二、美国1987年股灾和救市措施

（一）美国1987年股灾的背景和过程

20世纪80年代，美国股市经历了约5年的牛市，证券市场的市值从1980年的24720亿美元上升到1986年的59950亿美元。截至1987年9月底，标普500指数（S&P 500 Index）相较1982年的最低点已经上涨了215%，当年累计涨幅也高达36.2%。股市异常繁荣，金融交易规模的发展速度超过了贸易的发展速度。随着美国政府对金融市场管制的放松和对股票投资的减税刺激，巨额的国际资金涌入了美国股票市场，促使其股价持续高涨。1987年的前9个月，仅日本购买美国股票的新增投资就约150亿美元。

1987年10月18日，美国宣布美元主动贬值，叠加上市公司并购

---

① 本书以"股票指数重回股灾前点位"作为经济恢复的标志。
② 本书以"股票指数波动率恢复股灾前水平"作为市场运行质量恢复的标志。

税收优惠取消和美国贸易赤字超出预期等利空因素的冲击，美国股市开始调整。1987年10月19日，先于美国股市开盘的香港、欧洲等地的股市接连暴跌，美国股市开盘后，道琼斯工业平均指数（Dow Jones Industrial Average，DJIA）也暴跌508点，跌幅达22.6%，标普500指数暴跌57.86点，跌幅高达22.9%，史称"黑色星期一"。如图1-3所示，10月19日，在股票指数大幅下跌的同时，股指期货市场也迅速做出反应，股指期货价格暴跌33.7%，成交量和持仓量激增，当月合约的成交量和持仓量的增幅分别为18%和16%。

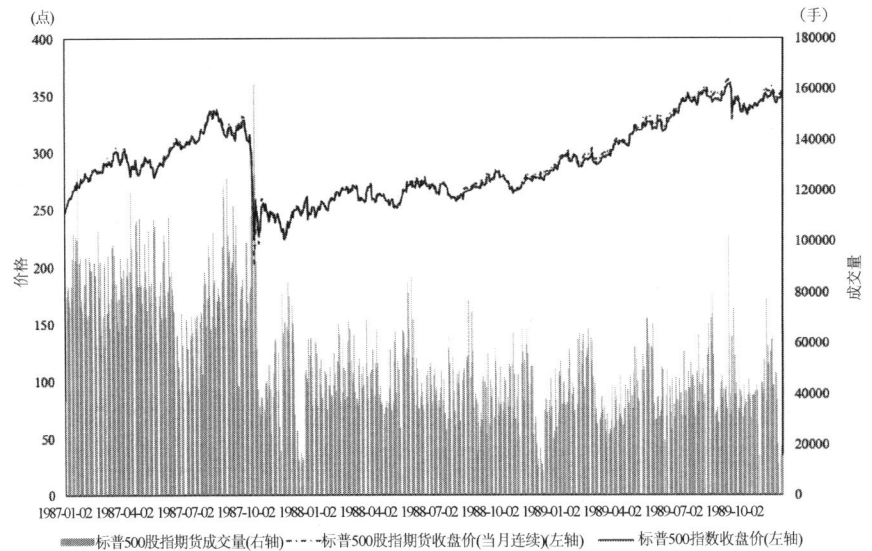

图1-3 1987—1989年标普500指数价格、期货当月合约价格和交易量情况
资料来源：Bloomberg。

美国股票现货和期货市场的波动率在1987年股灾期间也迅速升高。如图1-4所示，1987年10月19日，标普500指数的年化波动率[①]上升至48.3%，标普500股指期货年化波动率上升到72%。

---

① 本书使用以标准差表示的波动率。

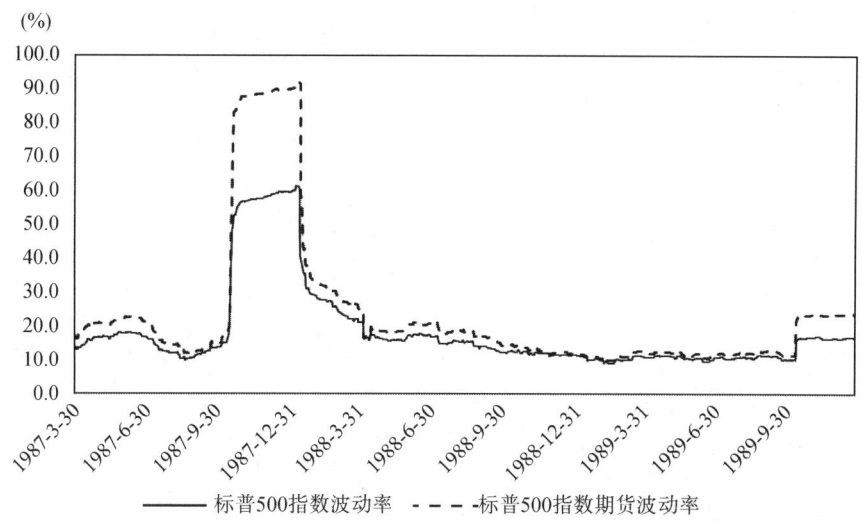

图1-4 美国1987年股灾期间股票指数和期货波动率变化情况

资料来源：Bloomberg。

（二）证券市场救灾措施

1987年美国"黑色星期一"股灾作为首次跨期现货市场的股市波动事件，对后续其他国家和地区的金融市场应对股灾有着深远影响。美国1987年的股灾中衍生品市场采用的应对措施在后续美国市场和其他市场出现巨幅波动时都得到了沿用。美国1987年的股灾中，美国监管机构并未对股指期货交易进行限制，但交易所和清算机构为应对风险适当调高了股指期货的保证金。

1. 部分衍生品交易为配合现货市场而暂停

美国1987年的股灾过程中，在强大的卖压之下，证券与期货市场的做市力量都不堪重负，证券市场因流动性缺失而陷入停滞，多只股票被迫停牌。由于股票现货市场的突发行情，以现货指数为标的的股指衍生品市场也因此暂停交易。

芝加哥期权交易所（Chicago Board Options Exchange，简称CBOE）规定，股指期权产品必须在标的指数80%以上的成分股都未停止交易时才可开展交易。1987年10月20日,股票现货市场多只股票因价格暴跌而停牌,因此,CBOE在当日上午11点45分暂停了交易,芝加哥商业交易所(Chicago Mercantile Exchange,简称CME)也于当日12点15分暂停了股指期货交易。

2. 依市场波动调整保证金水平

市场的巨幅波动使衍生品交易者面临的市场风险增加,交易者违约的风险也因此升高。出于防范风险的目的,作为中央对手方的CME在股灾期间提高了股指期货的保证金,以此降低其对交易者的信用风险敞口。

CME的标普500股指期货1982年4月首次上市,在1982年10月至1987年1月期间,其初始保证金(Initial Margin)及维持保证金(Maintenance Margin)要求均未变化,分别保持在6000美元和2500美元的水平,初始保证金占合约面值比例为4%~10%。如表1-6所示,1987年2月至10月,随美国证券市场价格波动的增大,CME对标普500股指期货保证金进行了多次调整。从图1-4所示的市场波动率变化情况可以看出,CME调整波动率的行为是应对风险的正常举措。

表1-6　　　　　　股灾中标普500股指期货保证金的调整

调整过程	初始保证金金额（美元）	对应初始保证金比例	维持保证金（美元）
原始水平 (1982年4月—1987年1月)	3000~6000①	5%~10%	2500
第一次：1987年1月30日	10000	7%	5000
第二次：1987年10月19日	10000	7.7%	7500
第三次：1987年10月22日	15000	12.1%	10000
第四次：1987年10月28日	20000	17.1%	12500

资料来源：作者根据CME官网整理。

① 套期保值投资者与做市商的初始保证金要求低于一般交易者,初始保证金为3000美元,维持保证金要求和一般交易者一致,同样为2500美元。

得益于 CME 提高保证金的措施，1987 年美国股灾期间虽然出现了会员违约，但是违约会员的损失完全被保证金和会员缴纳的担保基金①覆盖，金融衍生品市场未出现因为会员违约而导致的系统性风险。

3. 修改期权保证金参数

在美国证券交易委员会（U. S. Securities and Exchange Commission，简称 SEC）监管的期权市场，SEC 于 1987 年 10 月股灾发生后批准了股票及股指期权市场提高客户保证金要求的规则修订方案，同意提高股指期权和个股期权的保证金水平。1987 年 11 月，SEC 批准将股指期权保证金要求由"期权当前市值（即期权费）+标的股指价值的 5%"增加到"期权当前市值+标的股指价值的 10%"。

4. 建立日常熔断机制

建立熔断机制是美国监管机构在 1987 年灾后完善证券市场的另一重要举措。1988 年 3 月，由美联储、SEC、美国商品期货交易委员会（U. S. Commodity Futures Trading Commission，简称 CFTC）三机构的主席及美国财政部部长组成的金融市场工作组设计了证券市场熔断机制的实施方案。1988 年 10 月 19 日，SEC 和 CFTC 分别批准了证券交易所与期货交易所设置熔断机制的申请。

（三）灾后的市场恢复②

本书从两个层面描述灾后的市场恢复：一层是指经济基本面和投资者信心的恢复，表现为现货指数价格升高，并最终恢复到灾前点位；另一层是指金融市场功能的恢复，表现为股灾期间升高的波动率得以降低，期现基差逐渐平稳。按照这两个标准，美国证券市场灾后恢复较为

---

① 担保基金是结算会员集体缴纳的风险共担基金，其作用是在违约发生后，弥补违约造成的损失。全球范围内，各家中央对手方对这类财务资源并没有统一的称呼，我国将其称为结算担保金，境外也称为担保基金（Guarantee Fund）、清算基金（Clearing Fund）或违约基金（Default Fund）。

② 为了对不同市场进行对比，本节使用 $\ln \frac{期货结算价}{现货收盘价}$ 表示期现基差。

迅速。美联储、SEC 和 CFTC 的一系列措施较为有效，黑色星期一带给证券市场的恐慌情绪很快就得到缓解。

从经济基本面的角度看，美国标普 500 指数在一年后，即 1988 年 10 月即重回股灾发生前 300 点左右的点位。1988 年 10 月 20 日，虽然先于美股开盘的其他股市依旧多数暴跌，但美股开盘后就开始反弹，标普 500 指数上涨 5.2%，标普 500 指数期货上涨 7%。

金融市场功能的恢复则更早。在股灾后 8 个月，即 1988 年 6 月，标普 500 指数和股指期货的年化波动率均下降到 20% 的水平。如图 1-5 所示，巨大的负期现基差在股灾发生一周后就已经基本消除，并且恢复至股灾前水平。

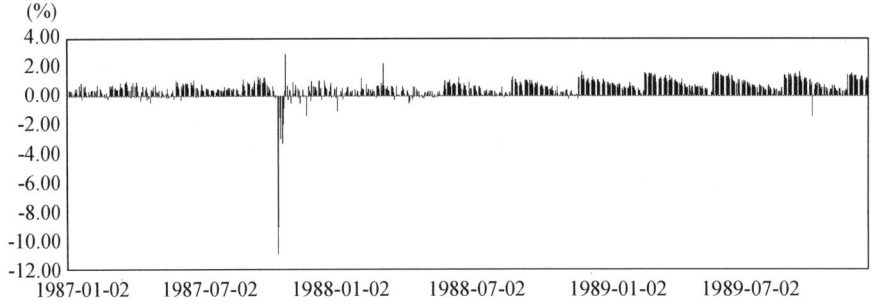

图 1-5　标普 500 指数期现货基差变化（1987—1989 年）

资料来源：Bloomberg。

三、日本 1990 年股市连续下跌和救市措施

（一）1990 年日本股市连续下跌的背景与过程

自 20 世纪 90 年代开始，日本经历了一段漫长的经济衰退期，1990 年出现的股市大规模下跌行情是日本经济泡沫破裂在资本市场的体现。不同于市场表现为连续单日大幅下跌的美国 1987 年股灾，日本在 1990

年的股灾中并未有股票指数单日大幅跳水的情况,股灾期间的日经225指数单日最大跌幅仅为6.13%,日本股灾的市场行情表现为指数持续小幅下跌。如图1-6所示,从1990年1月至10月,日经225指数在10个月内由近39000点下跌到20000点左右,跌幅超过65%。股灾发生之后的10年,日经225指数价格一路下挫,2000年12月,日经225指数到达13000点左右。

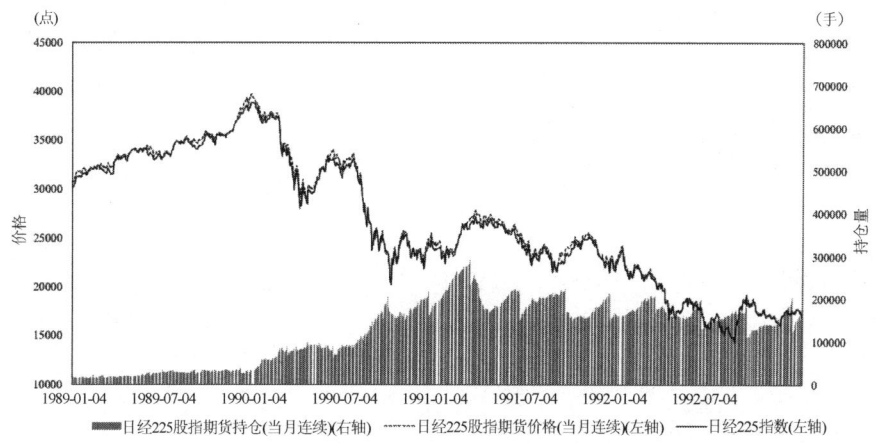

图1-6 1989—1992年日经225指数价格、期货当月合约价格和交易量情况
资料来源:Bloomberg。

虽然没有极端跌幅出现,但这段时间内日本股指期货和证券市场的波动率也陡然升高(见图1-7)。1989年,日经225指数和股指期货的年化波动率维持在10%左右的水平,但是在1990年10月至11月,日经225指数的年化波动率最高达到46%。

房地产泡沫破裂和国内经济开始衰退是20世纪90年代日本证券市场持续下跌的重要宏观背景。从1989年开始,日本央行采取紧缩性货币政策,大幅提升贴现率,1989年12月,日本央行的官方贴现率由2.5%提升到4.25%,1990年,贴现率又进一步由4.25%提升到6%。与此同时,日本房地产市场开始出现下跌趋势,东京住宅区的房价首先受到影响,随后房地产价格下跌趋势的影响扩大到东京商业区和日本其

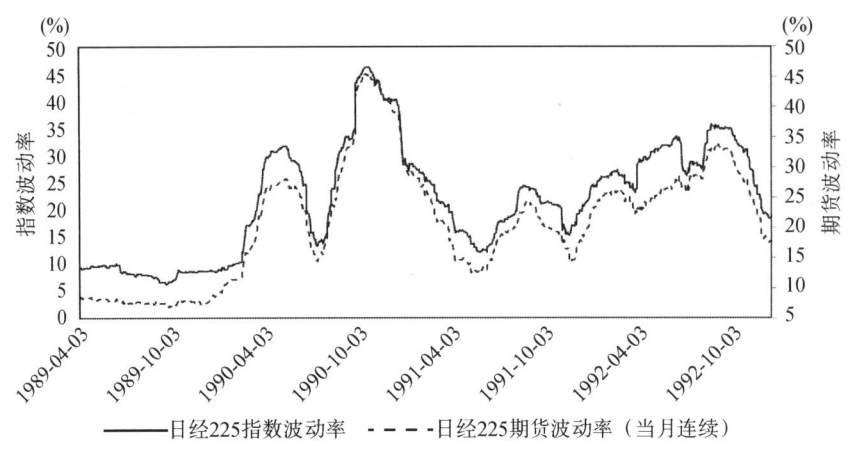

图1-7 日本1990年股灾期间指数和期货波动率变化情况

资料来源：Bloomberg。

他主要城市。

另一个重要背景是前期日本股价的大幅上涨。在股市连续下跌发生前的2年，日本证券市场一直维持牛市行情：1988—1989年的两年间，日经225指数价格从21000点左右上涨到接近40000点，涨幅超过60%。

（二）证券市场救市措施和效果

股灾发生时，大阪交易所①的日经225股指期货刚刚上市。由于公众对衍生品不了解，股指期货被认为是导致股市下跌的原因，因此，日本监管机构以抑制股指期货交易作为稳定证券市场的主要救灾手段。为了达到限制股指期货交易的目的，大阪交易所采取了提高交易保证金、缩小股指期货最小变动价位、提高交易委托手续费、缩短股指期货交易时间、公开会员套利交易、提高信息披露程度共6项手段（见表1-7）。

---

① 大阪交易所是日本交易所集团（JPX）下属的交易所。日本交易所集团由东京证券交易所、大阪交易所、东京商品交易所构成。其中，大阪交易所主要上市以金融资产为标的的衍生品，包括股指期货和国债期货等。

同时，日本政府也增设了针对股指期货的万分之零点一的交易税，进一步增加交易成本以抑制股指期货交易。

表 1-7　　　　　　　股灾中限制日经 225 股指期货的政策

主要限制措施	第一次：1990 年 8 月	第二次：1991 年 1 月	第三次：1991 年 6 月	第四次：1991 年 12 月
交易时间	减少 20 分钟	—	—	—
交易税	万分之零点一	—	—	—
期货最小变动价位	由 90 日元缩小到 50 日元	—	缩小到 30 日元	缩小到 20 日元
延长行情更新时间	由 3 分钟延长至 6 分钟	—	缩短至 5 分钟	—
交易保证金率	由 6% 提高到 10%	提高到 15%	提高到 20%	提高到 25%
委托保证金率	由 9% 提高到 15%	提高到 20%	提高到 25%	提高到 30%
委托手续费	—	—	—	由万分之四上升至万分之八
信息披露	—	每日披露套利交易信息	—	—
	—	区分套利和非套利交易	—	—
	—	每日公布套利交易相关股票买卖量及股票持仓余额	—	—
	—	—	披露套利相关股票交易量最大的 15 个公司	—

资料来源：作者根据《株価指数先物取引をめぐる論議》① 整理。

---

① 溝田博男，1994. 株価指数先物取引をめぐる論議. 大阪市大《季刊経済研究》，vol. 16, No. 4，March 1994，pp. 60-70。

另外，值得一提的是，美国和韩国市场在股灾发生一年后就引入了熔断机制，但日本在1990年股灾发生后并没有立刻引入熔断机制，东京证券交易所和大阪交易所直到1994年2月14日才引入了熔断机制。

日本市场采取的一系列股指期货交易限制措施并没有起到扭转股市下跌趋势的作用，日本证券市场在随后的几年都呈下跌趋势：1991年日经225指数下跌46%，1992年下跌至16925点，下跌34%。

（三）灾后的市场恢复

由于经济基本面不好，市场信心不足，从宏观角度看，日本市场灾后恢复得非常缓慢。2015年之前，日经225指数一直保持在20000点之下。直至2023年1月，日经225指数都未重回股灾前点位。

从市场功能发挥角度看，日本股市的恢复也相对缓慢。1990年以后，日本股市进入了高波动时代，1993年10月，指数波动率短暂降低到12%左右，后续主要维持在20%~30%的水平，是1990年股灾之前市场波动率的两倍多。从股指期现基差的层面分析，日本股市在1990年10月股灾期间出现了较大的负基差，1991年负基差虽然消失，但是基差相对1989年明显升高，且1992年又多次出现了负基差（见图1-8）。

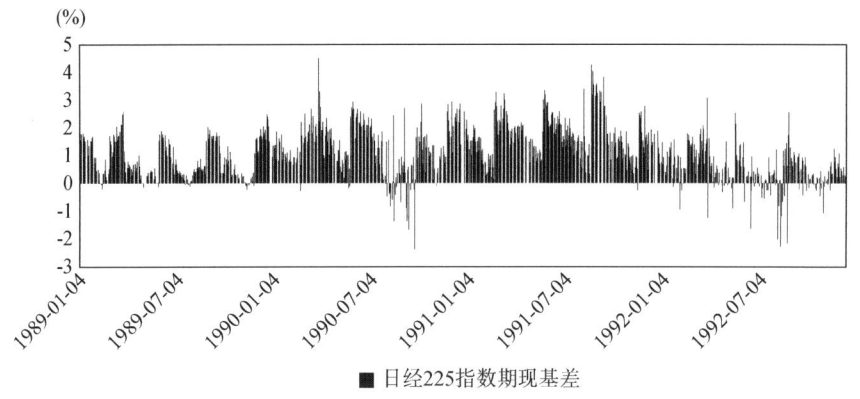

图1-8 日经225指数期现货基差变化情况（1989—1992年）

资料来源：Bloomberg。

四、1997 年亚洲金融危机背景下的韩国股灾和救市措施

（一）1997 年韩国股灾的背景与过程

1997 年 9 月，以泰铢兑美元大幅贬值为导火索，亚洲金融危机爆发。韩元兑美元汇率大幅下跌，韩国证券市场和衍生品市场也随之做出反应。1997 年 9 月至 12 月，韩国市场的主要指数 KOSPI 200 指数由 110 点下跌至 32 点附近，市场跌幅超过 70%（见图 1-9）。其中，1997 年 10 月 24 日至 28 日三个交易日的连续跌幅超过 20%，11 月 24 日单日跌幅达到 11.2%。1997 年 9 月至 12 月，KOSPI 200 指数跌幅超过 5% 的极端日期共有 11 天。股市下跌趋势直到 1998 年 9 月才开始逐渐好转，KOSPI 200 指数最低在 1998 年 6 月 16 日到达过 32.26 点。

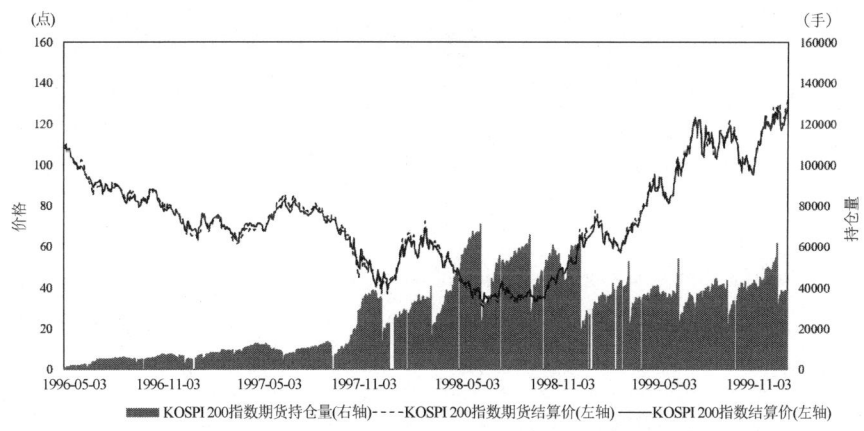

图 1-9　1996—1999 年韩国 KOSPI 200 指数价格、期货当月合约价格和交易量情况

资料来源：Bloomberg。

股灾时期，韩国证券市场和期货市场的波动率也出现显著上升（见图 1-10）。股灾前期，股指期货波动率略高于指数波动率，但是基

本相差不大，维持在20%左右的水平。股灾期间，期货和指数的波动率均暴增，股指期货年化波动率最高达到112%，波动率远高于1990年日本股灾期间日本股指期货市场的波动率水平，也明显高于1987年美国股灾中的股指期货市场的波动率水平。

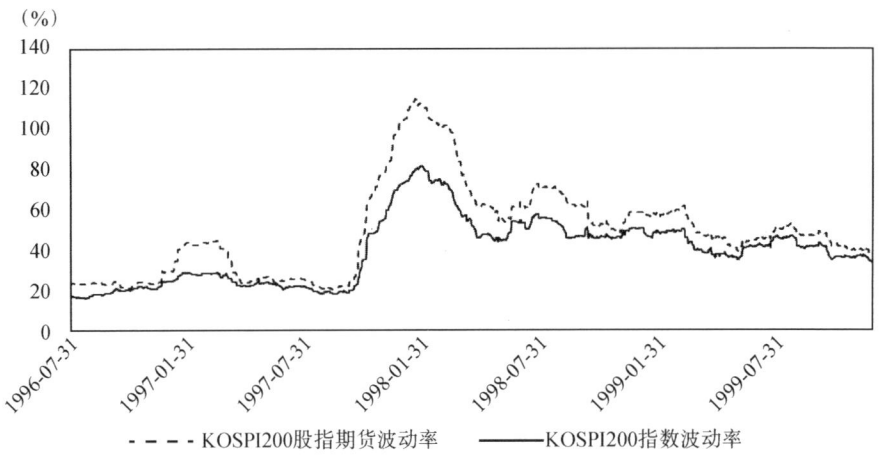

图1-10 韩国1997年股灾期间指数和期货波动率变化情况

资料来源：Bloomberg。

可以分别从宏观和微观两方面总结1997年韩国股灾发生的背景。从宏观来看，1996—1997年，由于韩元持续升值和电子零件价格下跌等多方面原因导致韩国的出口明显放缓，出口增速由31%下降到15%。与之相对的是韩国短期外债持续增加，1997年1月至7月，多家韩国大型财阀集团出现债务违约甚至破产，大批工人失业，引发韩国国内爆发多次罢工游行，韩国政府不得不向国际货币基金组织（International Monetary Fund，简称IMF）请求援助。

虽然1997年10月韩国股灾发生时，KOSPI 200股指期货上市尚不足两年，但是已经聚集了很高的流动性，衍生品交易规模有赶超证券市场的趋势，交易量增长率高达203.4%。与之对应的是，日本日经225指数期货2年的增长率仅为0.49%（1988—1990年），美国标普500指数期货为 106.96%（1982—1983 年）。1997 年，股指期货的交易金额高达 1036070 亿韩元，KOSPI 200 股指期权于 1997 年 7 月 7 日上市，虽然交易量远无法和股指期货相比，但 1997 年全年交易总额也达到了 3130 亿韩元。

韩国股灾的另一个重要背景是，韩国金融监管机构于股灾发生前 3 个月，也就是 1997 年 7 月，取消了外国投资者参与韩国期货和期权交易的持仓上限，但外国投资者参与证券现货市场的持仓上限直到 1998 年 5 月才正式解除。因此，后续众多研究报告[①]都认为外国投资者在期货市场的追涨杀跌和"羊群行为"加剧了韩国证券市场的不稳定。

（二）股灾应对措施

借鉴 1990 年日本股灾的经验，韩国在救市过程中并未对股指期货市场进行过度限制，因此韩国股灾期间，股指期货和股指期权作为重要的风险转移工具，交易规模持续增加。1997 年，证券衍生品市场规模和证券市场规模之比仅为 0.84，但到了 1998 年 7 月，该比例上升至 3.23——股指期货和股指期权的交易金额是证券交易金额的 3 倍。实际上，在应对亚洲金融危机的过程中，韩国政府的救火重点是外汇市场和债券市场，通过向 IMF 借款以及将短期对外债务置换为长期债务的方式稳定外汇市场，并对国内银行和大型财阀集团进行一系列改革，提升经济状况。

虽然在股灾期间，韩国并未将证券市场视为救灾重点，但在股灾发生后，作为进一步完善市场的措施，韩国证券和衍生品市场在 1998 年 12 月 8 日引入了熔断机制。证券市场的熔断只针对下跌行情，而衍生品市场的熔断机制同时适用于股指期货的上涨或者下跌行情。具体来说，韩国证券交易所股票指数如果出现了持续 1 分钟以上的 10% 或以上的跌幅，则股票市场交易暂停 20 分钟。对于股指期货，如果 KOSPI 200 股指期货

---

① Hyuk Choe, Bong-Chan Kho, Rene M. Stulz, 1999. Do foreign investors destabilize stock markets? The Korean experience in 1997. Journal of Financial Economics, Vol. 54, no. 2: 227-264.

出现超过5%的上涨或者下跌持续1分钟以上,则交易暂停5分钟。

(三) 灾后市场恢复

相对于日本,韩国股灾后证券市场的市场信心的恢复过程较为迅速。韩国 KOSPI 200 指数自 1997 年 12 月 11 日跌破 40 点后,于 18 个月后,即 1999 年 6 月 28 日就重回股灾前高点 108 点,但是市场功能的恢复则较为波折。从市场功能恢复的角度分析,如图 1-10 所示,KOSPI 200 指数的年化波动率在 1997 年 10 月至 1998 年 2 月间曾升高至 80%,而股指期货的年化波动率甚至升高至 112%。1999 年底,指数水平已经恢复,但股票指数和股指期货的年化波动率水平维持在 30% 左右,虽然远高于股灾前 17% 左右的年化波动率水平,但是波动率水平基本维持稳定。

从期现基差角度分析市场功能恢复,如图 1-11 所示,1997—1999 年,期现基差的变化并不稳定,并且负基差多次出现。当出现负基差时,韩国市场负基差的绝对值高于日本市场,日本市场股灾期间的负基差在 2% 左右,而韩国市场甚至出现过大于 10% 的负基差。

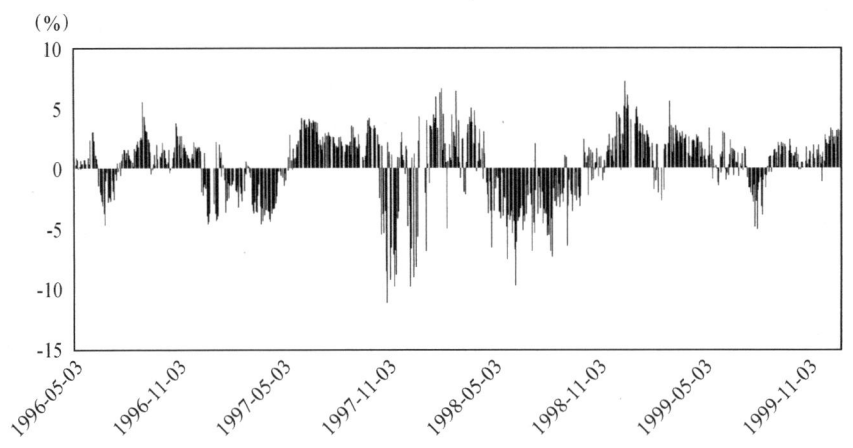

图 1-11　KOSPI 200 指数期现货基差变化 (1997—1999 年)

资料来源:Bloomberg。

五、正确的救市措施

（一）即使采用相同的救市工具，不同的危机应对理念将导致不同结果

针对不同时期和不同触发因素的股灾，各国监管机构采取的股市救灾措施有类似之处，但措施的运用方式、强度和背后的指导理念有较大差异。

1987 年美国股灾中，衍生品交易所都在一定程度上调整了股指衍生品的保证金要求。但美国市场对保证金要求的调整是以控制市场风险和防止出现系统性风险为目的，保证金数值基于市场的实际风险情况设定，调整保证金属于中央对手方的常规风险应对操作，而不是以限制衍生品交易为目的的紧急应对措施。1990 年日本股灾期间，日本监管机构以抑制股指期货交易作为稳定现货市场的手段之一。交易所采取了提高交易保证金、提高委托手续费和缩短股指期货交易时间等非常严格的管制措施，由于措施过于苛刻，导致许多交易者选择在新加坡交易所（Singapore Exchange，简称 SGX）交易日经 225 指数期货，致使日本本土市场的股指期货流动性萎缩，日本的股指期货市场也从此进入长期低迷状态。从美、日、韩三国的经验来看，股灾期间对衍生品市场的监管理念应着重在风险控制，尽量避免抑制交易和过度管制市场。这样才能充分发挥衍生品市场作为风险转移市场的作用，也可避免本土市场在过于严格的限制措施下一蹶不振。

（二）救灾措施的有效性需要多角度评估

判断股灾后市场是否已经恢复以及恢复的情况，需要从多方面考虑。首先，应该明确市场恢复是指经济恢复，市场信心恢复还是指市场功能得到恢复；其次，需要思考使用何种指标来进行判断。采用不同的判断原则和判断指标可能得出不同的结论，比如以经济恢复作为判断证券市场和期货市场恢复的原则，那么对于日本1990年股灾这种因经济衰退而发生的股灾，则可能得出日本的期货和证券市场长时间不能恢复的结论。而即使是基于市场功能发挥角度来评价市场的恢复情况，不同的指标也会得出不一致的结论。比如，在比较韩国和日本的恢复情况时，如果依据期现基差变化进行判断，则日本市场的恢复情况优于韩国，但如果基于波动率进行判断，则韩国市场波动率恢复平稳的速度要快于日本市场。因此，在评估灾后恢复情况时，不能依赖单一指标，应该从经济基本面、市场信心和市场功能三个角度同时评估，只有这样才能正确评价救灾措施的实施效果，从而帮助市场寻找合适的救灾措施，以应对下一次金融危机。

第二章

产品、交易者和交易行为

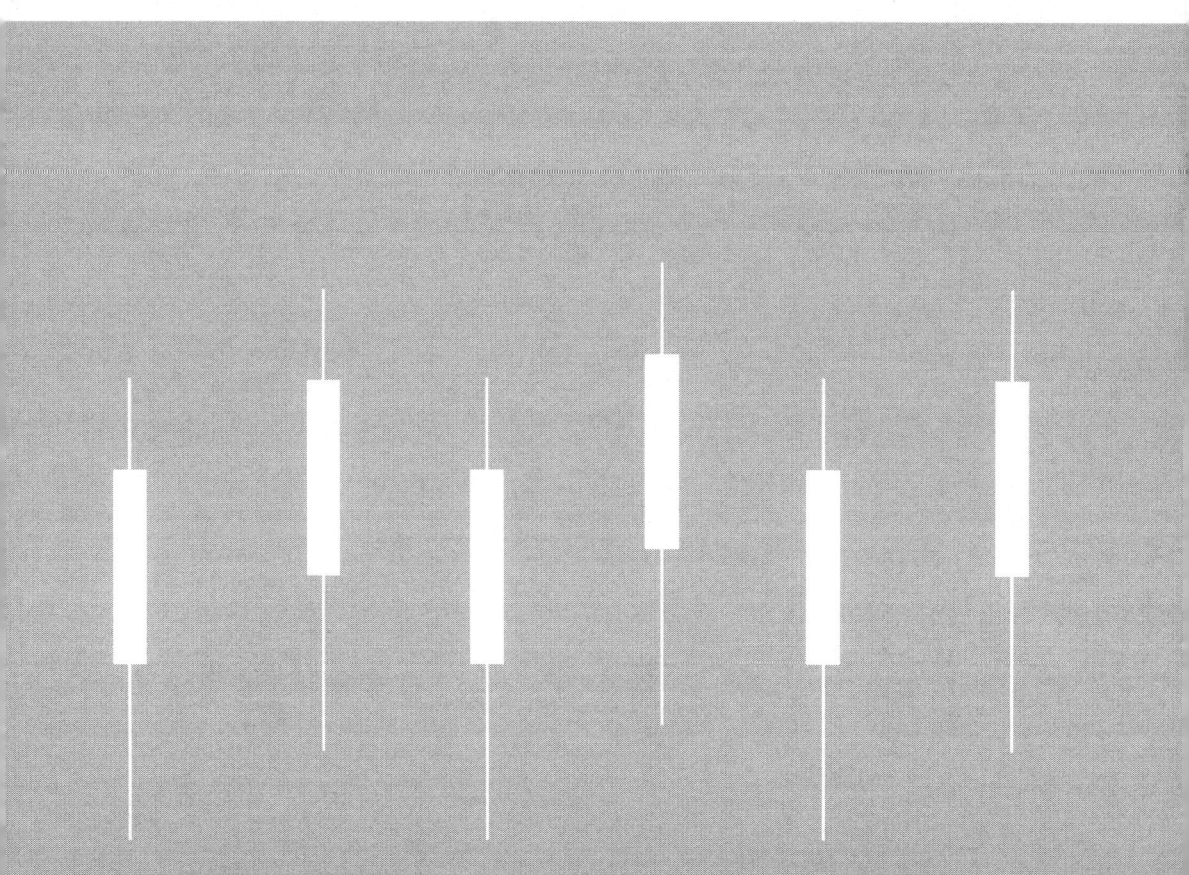

21世纪初是金融衍生品市场发展的大爆炸时代。衍生品标的种类增加，除了传统大宗商品和金融资产外，虚拟货币和碳排放权都可以作为衍生品标的。衍生品的结构也越来越复杂，结构化产品可能关联多个资产标的，同时嵌套多个期权。参与者类型也更为多样，中央银行这样的宏观审慎监管主体也参与了衍生品交易。因此一般公众不太可能搞清楚金融衍生品市场在发生什么，金融业从业者也可能无法跟上市场发展的步伐，会对一些产品或者市场行为产生误解。本章将对某些产品和概念进行解释，以增加读者对产品、市场以及交易行为的理解。

第一节　发行方和监管者视角下的
雪球产品及其风险

从 2019 年开始，被称为雪球的内嵌期权的结构化金融产品在我国市场开始流行，一时间成为最受欢迎的私募产品之一。实际上，雪球并不是什么创新型产品，这类产品在我国被称为"雪球"，在境外市场则被称为"自动赎回证券"（Auto-Callable Notes），是一类结构化金融产品。早在 2003 年，巴黎银行（BNP Paribas）就在美国市场发行了名为自动赎回证券的结构化产品[①]。而雪球的前代产品——反向可转换债券（Reverse Convertible Bond）的历史则更久，20 世纪 90 年代就已经在欧洲和美国市场出现了。反向可转换债券，是指债券发行人有权将债券持有人支付的本金转换为一篮子股票或者和一篮子股票市值相同的现金的结构化产品。一些自动赎回证券产品有票息随期限累计的支付结构，即在产品触发自动赎回之前，票息率会逐年增加，比如第一年支付 10% 的票息，第二年支付 20% 的票息，这种结构被称为雪球效应（Snowball Effect）。因为这种结构的收益像滚雪球一样，所以在我国被称为"雪球"，但我国常见的雪球产品一般使用均一的票息率。当然，我国也存在票息率递减的雪球产品。雪球产品的标的可以是个股、股票指数、商品、商品指数和汇率，境内的雪球产品主要挂钩股票指数。

---

① Geng Deng, Joshua Mallett, Craig McCann, 2011. Modeling Autocallable Structured Products. Journal of Derivatives & Hedge Funds (2011) 17, 326-340.

一、雪球产品概述

(一) 雪球产品基本损益结构

最基本的雪球产品的损益结构包括三种情况：情况一，如果标的资产价格在赎回观察日高于赎回价格，则触发自动赎回，产品提前到期，这个机制被称为"敲出"（Knock-out），此时投资者可以收到本金加上持有期间的票息收入；情况二，合约到期都没有被敲出，并且标的资产价格在行权观察日都高于约定的敲入价格，此时投资者可以收到本金加上全部的票息收入；情况三，标的资产价格在行权观察日低于敲入价格，此时触发行权，投资者需要承担标的资产的损失，只能拿回部分本金，这个机制被称为"敲入"（Knock-in）[1]。表 2-1 是以沪深 300 指数为标的的基础雪球产品示例。

表 2-1　　　　　　　　　　雪球产品示例

合约条款	内容
期限	1 年
标的	沪深 300 指数
敲出价格	期初价格×100%
赎回观察日	每个月的月末观察
敲入价格	期初价格×80%
行权观察日	每日观察
年化票息	24%

假设雪球产品的本金为 100 万元，沪深 300 指数的期初价格为 5000

---

[1] 雪球的这种结构类似障碍期权，障碍期权的特点是除了行权价（Strike Price）之外，还设置了障碍价格，比如敲入价格（Knock-in Price）。假设看跌障碍期权的行权价为 70 元，敲入价格为 50 元，标的资产价格即使低于行权价（70 元），但如果没下跌到敲入价（50 元），该期权也不会被敲入，即没有生效。

点。投资者的损益有三种情况：第一种情况，如果在赎回观察日，比如第一个月的月末，指数价格超过了 5000 点，则雪球被敲出，即产品提前到期，投资者可以拿回 100 万元本金加上一个月的票息收入，共 102 万元；第二种情况，如果在任何赎回观察日，沪深 300 指数的价格都没有超过 5000 点，并且也没有在行权观察日低于 4000 点（$5000 \times 80\% = 4000$ 点），即没有被敲出也没被敲入，则投资者到期收到本金加上全部票息，共 124 万元，即（$100 + 100 \times 24\% = 124$ 万元）；情况三，如果沪深 300 指数的价格在赎回观察日没有高于 5000 点，即没有被敲出，但是在行权观察日低于了行权价 4000 点，则雪球被敲入，合约到期时，投资者只能收到本金的 80%，即 80 万元。

从雪球的损益结构上可以看出，虽然在最早被引入我国市场时，雪球被包装成固定收益产品，但雪球产品本质上是一个奇异期权。雪球产品的损益与反向可转换债券类似，反向可转换债券相当于债券内嵌了看跌期权空头。但和反向可转换债券不同的是，雪球产品还内嵌了向上敲出条款，一旦标的资产价格向上触及敲出价格，雪球就会提前到期，发行方不必继续支付票息。因此，对于发行方来说，发行雪球的成本低于反向可转换债券。这个差异会体现在雪球产品的估值上，雪球产品的估值会低于合约条款类似的反向可转换债券。交易者在评估雪球价值时，可以把反向可转换债券价值作为雪球产品价格的上限。换句话说，如果反向可转换债券和雪球产品的资产标的、存续期限以及发行人信用等级等要素一致，那么雪球产品的票息率应该高于反向可转换债券。

（二）境外流行的雪球产品结构

我国市场目前流行的雪球产品主要是单一标的、两层障碍价格（Barrier）的基础雪球产品，但是雪球在境外已经发展了近 20 年，欧美和日韩流行的雪球产品已经进化出多标的和多障碍价格等较为复杂的结构。

1. 多标的资产

境外流行多标的资产的雪球产品。表 2-2 展示了 2019 年 J. P. Morgan 银行在美国市场发行的期限为 1 年的雪球产品，该产品有三个标的，分别是标普 500 指数、罗素 2000 指数和纳斯达克 100 指数。

表 2-2　　　　　　　　　　多标的雪球产品示例

合约条款	内容
发行机构	J. P. Morgan Chase
到期日	2020 年 3 月 19 日（12 个月）
标的	标普 500 指数、罗素 2000 指数和纳斯达克 100 指数
敲出价格	初始价格的 100%
敲入价格	初始价格的 70%
票息	7%（年化，实际每月支付，月票息率为 0.5833%）
票息支付频率	每月
CUSIP	48130W7E5

资料来源：美国证券交易委员会（SEC）官网。

在存在多个标的指数的情况下，雪球是否会被敲出或敲入，由表现最差的指数来决定，即如果收益率最低的指数在行权观察日的价格小于敲入价格，雪球产品才会被敲入。同样，当表现最差的指数在赎回观察日的价格大于或者等于敲出价格时，雪球产品会提前被赎回。

多标的雪球实际上内嵌了彩虹期权[①]，所以雪球被敲入和敲出的概率更低，可以给予投资者更多的本金保护和更高的获得票息的概率，因此多标的雪球产品一般比单一标的雪球产品更贵，即多标的雪球产品的票息率更低。

2. 多障碍价格

境内的雪球产品主要有两个障碍价格，即敲出价格和敲入价格，境

---

① 彩虹期权（Rainbow Option），是指标的包括多个资产的奇异期权，期权的损益取决于表现最好的资产或是表现最差的资产。

外市场的雪球产品可能有多个障碍价格。表 2-3 是法国投资银行 Natixis 于 2018 年发售的有多个障碍价格的雪球产品。该产品有三个障碍价格：赎回障碍价格（Auto-call Barrier），也称敲出价格；票息支付障碍价格（Coupon Barrier）；保护价格（Protection Barrier），也称敲入价格。

表 2-3　　　　　　　　　多障碍雪球产品示例

合约条款	内容
发行机构	Natixis
产品期限	6 年
标的	美国罗素 2000 指数（RTY）、恒生中国企业指数（HSCEI）、欧盟 STOXX 50 指数（SX5E）、日经 225 指数（NKY）
赎回价格（敲出价格）	初始价格 100%
票息支付价格	初始价格 85%
保护价格（敲入价格）	初始价格 60%
票息支付频率	每半年
票息	10%
票息支付条件	如果表现最差的指数在任何一个观察期（每半年一次）大于或者等于票息支付价格，那么投资者可以得到 5% 的票息（年化票息率 10%）
自动赎回条件（敲出条件）	如果表现最差的指数在任何一个观察期（每半年一次）大于或者等于敲出价格，那么产品以面值被赎回，投资者将收到 100% 的本金
本金保护条件（敲入条件）	如果表现最差的指数到期价格大于或者等于保护价格，则投资者可以收到 100% 的本金 如果表现最差的指数到期价格小于保护价格，则投资者收不到 100% 的本金，本金损失幅度等于表现最差的指数的下降幅度

资料来源：Natixis 官网。

依据合约设计的不同，障碍价格对雪球产品定价的影响不同，表2-3的雪球示例中，当指数价格处于票息支付障碍价格和保护价格之间时，投资者虽然不能收到票息，但是其本金可以得到保护，只有当到期价低于敲入条件时，投资者的本金才会损失。相对于只有两个障碍价格的雪球产品，包含三个障碍价格的雪球产品可以将本金保护价设置得更低，给与投资者更多的本金保护。发行方愿意将本金保护价格设置得较低的原因是，投资者放弃了指数价格处于票息支付价格和本金保护价格之间时的票息，用以交换更多的保护。

二、雪球产品的获利方式与对冲方式

（一）雪球产品如何获利

雪球发行方购入了波动率，因此雪球发行方的主要目的是希望波动率上升从而获利。具体来说，当标的价格上升并接近敲出价格时，较大的波动率意味着标的价格高于敲出价格的概率更大，持有标的资产的发行方获利的概率因此更高；而当标的价格下降时，较大的波动率意味着触及敲入价格的概率更高，雪球产品发行方支付票息的概率因此降低。金融机构发行雪球产品的另一个目的是获得融资：一些雪球产品要求雪球产品投资者在购买雪球产品时支付全部本金，发行机构因此获得融资。卖出雪球产品对于发行机构而言，不仅相当于购买了价格下降时的保险，还有一定的融资工具作用。金融机构向雪球投资者支付的票息一部分反映了标的资产价格波动的风险，一部分反映了发行机构的信用风险，金融机构信用风险越高，其发行的雪球产品的票息率应该越高。

相对于债券，金融机构发行雪球产品需要支付的票息较高，高票息的主要来源是金融机构利用雪球产品标的价格的波动进行低买高卖的收益。金融机构利用发行雪球产品获得的本金购买和雪球产品标的相同的股指期货，当市场波动较大时，发行机构不断通过低价买入并高价卖出股指期货的方式获利。虽然相较于一般的融资方式，雪球产品需要支付的票息率较高，但是如果期货的跌幅扩大，由于其持有看空期权，下跌损失已经转移给了雪球产品投资者。

投资者购买雪球产品主要是为了雪球产品的高收益，雪球产品的收益率一般在7%~30%，明显高于相同信用风险水平和相同发行期限的债券。雪球产品投资者卖出了看跌期权以换取雪球产品的高票息。雪球产品的高票息实际上反映了其风险，标的资产的波动率越高，票息率越高，这意味着雪球产品被敲入的概率越高，投资者出现本金损失的概率越高。但是，相对于直接持有资产，雪球产品也给予了投资者部分资产保护，因为雪球产品只有当资产价格下跌超过一定幅度时才会被触发敲入。当资产价格下跌，但是没有触及敲入价格时，投资者依然可以拿回本金，投资者获得这部分保护的代价是放弃了资产上涨的部分收益。

(二) 对冲雪球产品

对于雪球发行方来说，卖出雪球产品相当于买入了看空期权，其Delta值为负，Gamma值为正，雪球产品的发行方因此需要持有正Delta和负Gamma的资产进行对冲。从实践上看，境内雪球产品的发行机构主要通过买入股指期货来对冲卖出雪球产品的Delta风险，较少对冲Gamma风险。比如对于以中证500指数为标的的雪球产品，发行机构使用中证500股指期货来对冲风险，随着标的指数价格的下跌，发行方手中的看空期权会由虚值逐渐靠近平值，其Delta的绝对值会增加，发行方因此需要增加期货多头持仓。而当标的指数价格上涨，看空期权的虚值程度增加，Delta的绝对值就会降低，因此需要减少期货多头持仓。

雪球产品的Vega的变化较为复杂。当现货价格下降时，Vega会首先上升，此时雪球产品发行方会通过卖出期权的方式来对冲持有波动率多头的风险敞口。但是如果指数价格继续下降，在接近敲入价格时，

Vega 数值会达到顶峰，然后出现下降，雪球产品发行方的 Vega 对冲方向会出现反转，此时发行方需要买入波动率来对冲。

三、雪球产品的主要风险

当市场处于牛市且波动率较高时，雪球产品是一个双赢的产品。此时雪球产品通常会触发敲出，于是雪球产品提前到期，雪球产品投资者无本金损失，并且可以获得较高的票息收入，而雪球产品的发行方也可以通过对标的资产低买高卖赚取较高的收益，使发行方在支付了投资者票息后依然可以获得可观的收益。但是，当市场处于熊市时，雪球产品则可能会出现双输的局面，雪球产品的投资者可能会因为雪球产品的敲入而面临本金损失，同时，令人意外的是，雪球产品的发行方的损失可能更大。

（一）雪球产品投资者和发行方面临的风险

对于投资者而言，雪球产品本质是场外奇异期权，因此面临市场风险、信用风险和流动性风险。第一，投资者可能会因为标的资产价格下跌而产生损失。极端情况下，投资者甚至可能会损失全部本金。第二，投资者面临来自发行方的信用风险，发行方如果违约，投资者无法收到票息和本金。第三，雪球产品无法在二级市场交易，流动性较差。投资者购买了雪球产品后，一般只能持有到期，相对于持有标的股票而言，投资者急需现金时无法将雪球产品变现。

对于雪球发行方来说，发行雪球产品面临模型风险，包括定价模型风险和对冲模型风险。第一，定价失误可能会使雪球发行方产生亏损。由于雪球产品的到期时间不确定性，以及损益的路径依赖性，雪球产品的估值模型没有解析解，估值的常用方法是使用蒙特卡罗模拟来计算提前赎回和行权的概率。第二，不准确的对冲模型会使对冲失败，发行方因此面临亏损。2018 年，法国投资银行 Natixis 的雪球产品业务在韩国市场产生亏损的部分原因是错误地使用了局部波动率模型（Local Volatility Model）。该模型无法充分描述雪球产品 Vega 的路径依赖属性，该缺点在市场进入熊市时会格外显著。当标的资产价格出现持续下降时，雪球产品的 Vega 会首先上升至一定水平，然后快速下降。因此市场急速下降时，雪球产品发行方需要紧急买入波动率，即买入期权，但是此时期权的价格已经较高，导致发行方对冲失败。

雪球产品发行方的另一个风险是雪球产品对冲在市场危机时刻会出现格外困难的情形，主要原因是缺乏对手方。当出现危机时，所有雪球产品发行方的交易方向都是一致的。这是因为雪球产品投资者主要是自然人投资者，这些投资者并不对冲持有雪球产品的风险，只有发行机构在进行对冲。一旦市场发生波动，所有的机构都需要相同的期货品种和期权品种来进行对冲，因此，雪球产品发行方的对冲行为会产生单边市。

（二）雪球产品风险事件

雪球产品以及反向可转换债券在欧洲、美国、日本和韩国都非常流行。2008 年金融危机中，因雪球产品发行方违约和雪球产品标的资产价格下跌触发敲入，众多境外雪球产品投资者遭受到了巨大损失。比如雷曼兄弟公司就发行过以美国市场股票指数为标的的雪球产品。由于标的指数下跌触发敲入，以及雷曼兄弟公司的破产，使投资者的本金损失严重。但是，雪球产品在欧洲和美国市场造成的投资者损失的影响基本被稀释了，并没有出现大规模的市场危机。雪球产品对韩国市场的影响较为显著，韩国市场中的众多雪球产品投资者在 2015 年和 2018 年经历了较为严重的亏损。

韩国雪球产品投资者主要是高龄投资者，因此引发了市场监管者对雪球产品的关注。根据三星证券公司的数据，韩国市场中雪球产品的期限一般为 3 年，主要受众是 50—60 岁的投资者，韩国投资者对雪球产品的人均投资规模在 30 万—200 万美元。雪球产品吸引韩国投资者的主要原因是雪球产品的高票息率，韩国雪球产品票息率在8%左右，而同时期韩国10年期国债的收益率仅为2%左右。

韩国市场雪球产品第一次大范围亏损发生在2015年。2015年，韩国市场发行的雪球产品主要以恒生中国企业指数（HSCEI）和恒生指数（HIS）为标的。HSCEI的波动率较高，高波动率意味着可能有较高的票息，因此该产品在韩国市场非常受欢迎。2015年8月，受中国境内股市异常波动的影响，恒生中国企业指数大幅下跌，韩国市场中以HSCEI为标的的雪球产品产生了巨大的损失。雪球产品发行方因为对冲策略的失效也出现了亏损。当时，韩国证券公司主要使用香港交易所的恒生指数期货和期权对冲以恒生指数为标的的雪球产品风险。当恒生指数出现大幅下跌行情时，交易员企图通过买入波动率的方式来对冲风险，但此时全市场的雪球产品发行方的交易方向都是一致的，对冲交易无法达成。

韩国市场第二次大规模雪球产品亏损事件发生在2018年。起因依然是基于恒生指数的雪球产品。2015年中国A股异常波动后，韩国金融服务监管局暂时禁止了金融机构发行以恒生中国企业指数（HSCEI）为标的的雪球产品，但2017年末，该禁止令过期，市场机构重新开始发行以恒生指数为标的的雪球产品。同时，2015年雪球产品大范围亏损后，韩国市场出现了一系列新的雪球产品结构，其中最畅销的是被称为蜥蜴（Lizard）的雪球产品，该产品被认为比传统雪球产品更安全。和蜥蜴断尾求生的特点类似，蜥蜴结构的雪球产品增加了一层向下的障碍[1]，一旦触及这个价格，雪球产品会被敲出，投资者的票息收入就会减少，但是本金可以得到保护。该结构不仅受到投资者的欢迎，对于发行方而言，蜥蜴结构也降低了雪球产品的久期，也使雪球产品的障碍价

---

[1] 传统雪球产品只有一层下行障碍，即敲入价格。比如敲入价格为初始价格的70%，即当标的价格在观察日下跌至初始价格的70%即被敲入，雪球产品的投资者只能收到本金的70%。而蜥蜴雪球产品除了向上敲出障碍，还有一个向下敲出障碍，比如初始价格的90%，当标的指数在观察日触及该价格时，也会被敲出，根据产品设计，投资者可能有较低的票息收入或是没有票息收入，但可以收到全部本金。

格不再过度集中于个别价格水平,因此,对冲雪球产品将不再像 2015 年一样,集中于特定期限的期权品种,减少了对冲需求过于集中的风险。

根据法国兴业银行的统计,2018 年 3 月,蜥蜴雪球产品的规模已经占韩国雪球产品市场规模的三分之一。但 2018 年 6 月开始,受到中美贸易摩擦的影响,恒生指数再次出现大幅下跌,以恒生指数为标的的雪球产品出现大范围的敲入。结果不仅是投资者遭受了损失,雪球产品的发行方也面临损失。法国投资银行 Natixis 因其韩国市场雪球产品业务的损失产生了高达 2.9 亿美元的亏损,使 Natixis 的股价暴跌,于是 Natixis 停止了在韩国销售雪球产品的业务。

四、发行雪球产品需要重点关注的问题

(一)关注雪球产品同质性过高的问题

雪球产品是场外产品,场外产品的期限和标的差异较大,对市场的影响会被分散,但是当雪球产品的标的和发行期限过度集中时,则可能造成风险对冲困难以及风险集中的问题。因此,发行雪球产品的金融机构和市场监管者应该关注雪球产品同质性过高的风险,比如雪球产品的标的集中于某个指数,雪球产品的到期期限相同,以及雪球产品的障碍价格相同等问题。境内雪球产品主要以中证 500 指数为标的,主要是因为中证 500 指数的波动较大,并且中证 500 指数期货价格常年低于现货指数价格。

导致产品过于集中的部分原因是市场机构定价估值能力和风险管理能力不足。雪球产品的定价主要体现在雪球产品的票息率上:标的波动越大,票息率越高;雪球产品发行方的信用等级越低,票息率越高。除了上述因素外,敲出和敲入观察期的频率以及设置额外的价格障碍等产品设计因素也会影响票息率。当雪球产品发行方的定价和估值能力不足

时，只能采用互相模仿的设计方式，结果导致雪球产品的同质性。同质性过高可能会产生多方面的风险。

第一，可能对相关市场的价格造成影响。发行方需要使用衍生品进行对冲，会因此影响衍生品市场价格。雪球产品的 Delta 值为正，意味着当市场下跌接近敲入价格时，发行方需要买入期货或者现货进行对冲，这种交易行为会给予标的现货价格或期货价格一定支撑，降低标的资产波动。2019 年以来，以中证 500 股指为标的的雪球产品的大量发行，对中证 500 股指期货的期现基差产生了一定影响。由于中证 500 指数雪球产品的发行方需要买入中证 500 指数期货进行对冲，股指期货贴水①情况得到改善。我国市场的雪球主要以收益凭证的形式进行销售，根据机构间私募产品报价与服务系统的统计，收益凭证的发行规模在 2019 年 12 月以及 2020 年 7 月出现过上升，同期，中证 500 股指期货的基差也有明显改善，甚至由贴水变为升水（见图 2 - 1）。

雪球产品对冲交易的活跃对期货价格起到一定支撑作用，但是需要意识到的是，雪球产品对期货价格的支撑可能会消失。当标的资产的价格下降到一定程度时，雪球产品发行方会停止 Delta 对冲，反而会开始抛售对冲使用的期货或者标的资产。实际交易中，当标的资产价格接近敲入价格时，交易员通常会提前卖出期货或者现货，导致资产价格进一步下降。如果股价大幅下跌，内嵌了看跌障碍期权（Down - and - In Put Option）的雪球产品的 Delta 值可能会发生跳变（见图 2 - 2）。当标的价格逐渐下跌到接近障碍价格（敲入价格）时，Delta 的绝对值首先会显著大于 1，然后 Delta 绝对值会跳变回到 1，此时发行方需要抛售前期为了对冲 Delta 而买入的期货或现货多头，加剧期货和现货价格的下跌。

---

① 股指期货基差 = 股指期货价格 - 现货指数价格，"贴水"是指基差为负数，"升水"是指基差为正数。

第二章 产品、交易者和交易行为

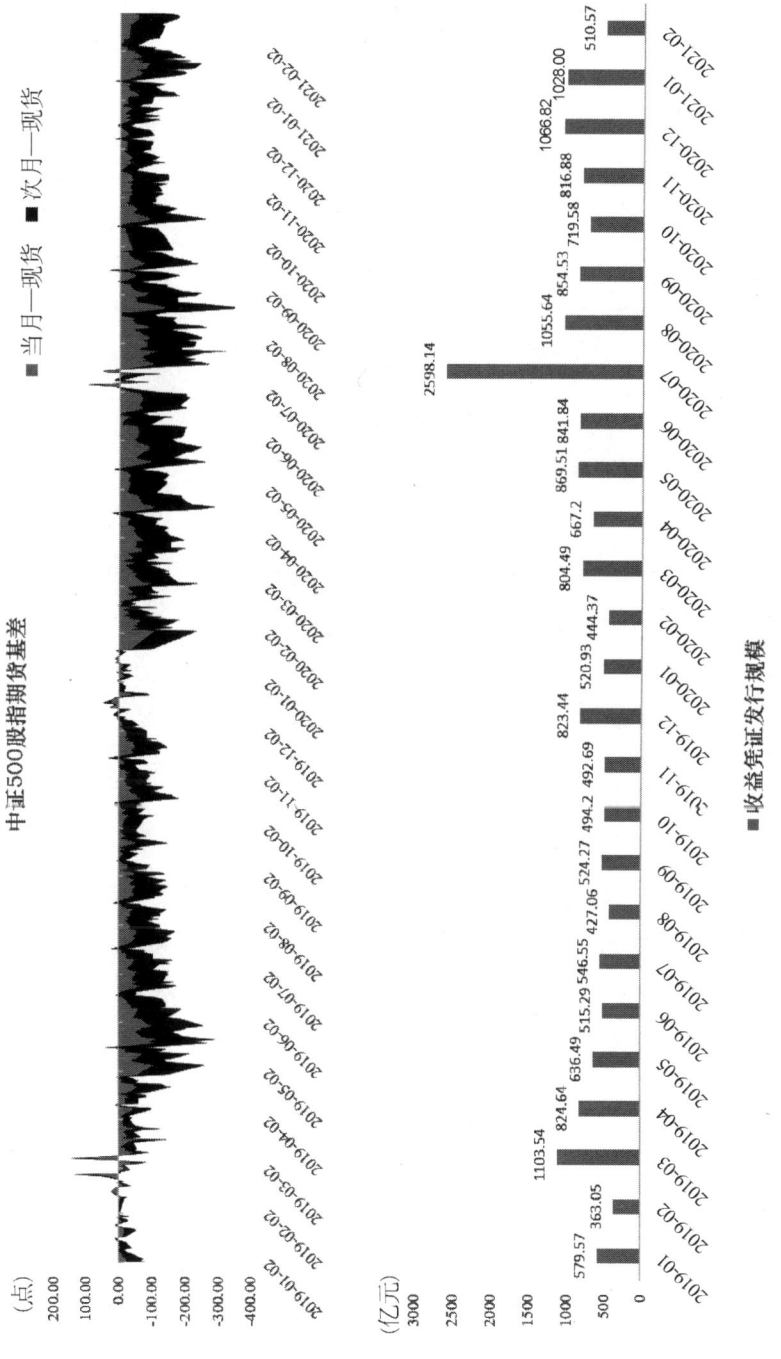

图 2-1 中证 500 股指期货基差和收益凭证发行规模变化

资料来源：机构间私募产品报价与服务系统官网、Wind。

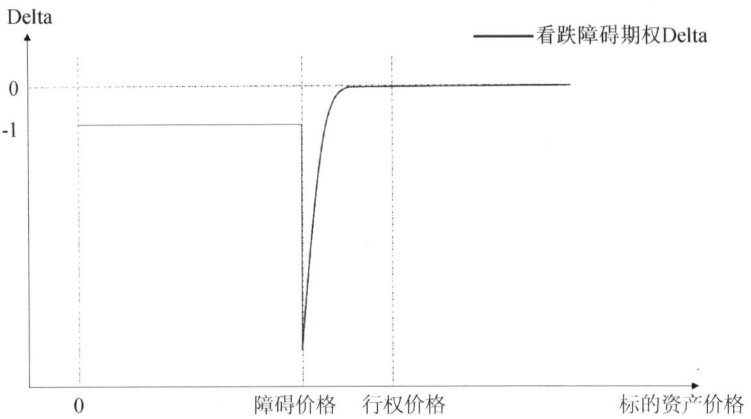

图2-2 看跌障碍期权（Down-and-in Put Option）在标的价格临近障碍价格时的 Delta 变化趋势示意图

资料来源：作者绘制。

第二，雪球发行机构的交易方向一致，使用的衍生品的品种也一致，则对冲交易可能会因为缺乏交易对手方而无法达成。

（二）关注雪球产品的模型风险

如果雪球产品的发行机构错误地对产品定价，或是使用错误的模型进行对冲，都可能面临较大损失，当市场处于压力时期时，甚至可能引发系统性风险。我国境内市场的雪球产品的标的普遍集中于股指，主要是中证500指数。一旦市场进入熊市，机构不仅需要对冲 Delta，更需要使用期权对冲 Vega 风险，而目前中证500ETF 期权的规模有限，限制了发行方对冲 Vega 风险的能力。即使期权市场较大，当市场处于压力时期时，由于雪球发行方的对冲方向一致，期权市场的流动性也可能不能满足雪球发行方的对冲需求。

（三）对雪球产品风险的准确描述和投资者适当性管理

虽然雪球产品被包装成为固定收益产品，但雪球产品的投资者在极端情况下可能损失全部本金，因此雪球产品发行方需要准确描述雪球产品的风险，并将雪球产品投资者范围限于风险容忍度较高的投资者。同时，鉴于雪球产品较为复杂的结构，发行机构应该在产品说明书中对雪球产品的损益情况进行描述，并进行压力场景分析，帮助投资者充分了解投资雪球产品可能面临的损失。

第二节　全球基准利率改革和中国基准利率体系

一、全球基准利率改革

全球基准利率改革开始前，全球主要经济体普遍使用银行间市场报价利率（Interbank Offered Rate，简称 IBOR）作为基准利率，IBOR 的典型代表就是伦敦银行间同业拆借利率（London Interbank Offered Rate，简称 LIBOR）。芝加哥商业交易所（CME）上市的以 LIBOR 为标的的欧洲美元期货（Eurodollar Futures）在 21 世纪的头 20 年都是北美交易量最大的利率期货。IBOR 市场操纵案件频发，并且与之相关的银行无担保拆借市场在 2008 年全球金融危机之后开始逐渐萎缩，因此，金融市场开启了基准利率改革的序幕。

（一）全球基准利率的改革背景

2012 年，大型银行操纵 LIBOR 的行为因内部告发而浮出水面。2012 年 7 月，英国巴克莱银行以 4.35 亿美元的代价与美国和英国监管当局就其操纵 LIBOR 一案达成和解协议。2012 年 12 月，瑞士银行业巨头瑞银（UBS）因操纵 LIBOR 向监管机构支付了 15 亿美元的罚款。

2013年12月，欧盟监管机构结束了对巴克莱银行、德意志银行、苏格兰皇家银行和法国兴业银行的调查，对四家银行开出了总额为17亿欧元的罚款。

LIBOR市场操纵的严重度和广度使国际监管机构意识到基准利率改革势在必行，以LIBOR为代表的IBOR类利率指标主要依靠报价产生，即所谓的"专家判断"，报价者主观判断过多，利益冲突问题严峻，因此，国际监管机构推出了一系列改革举措，国际证监会组织（IOSCO）于2013年7月正式公布了《金融基准原则》（Principles for Financial Benchmarks）。该文件包含19条原则，分别从基准管理者、基准本身、基准的计算方法以及基准的评估体系四个方面规范基准利率。各主要经济体的基准利率管理者也对IBOR类利率的报价和计算机制进行了改进，以降低基准利率被操纵的风险。为了从根本上解决基于报价产生的基准利率容易被人为操纵的风险，全球各主要金融市场开始寻找替代IBOR的基准利率。新一代的基准利率必须解决利益冲突的问题，并且需要有很高的抗市场操纵性。基准利率改革的目标是提高基准利率的稳健性和抗市场操纵性。2017年，英国金融行为监管局（Financial Conduct Authority，简称FCA）宣布，2021年底后将不再强制要求报价银行进行LIBOR报价，2021年因此成为基准利率改革的里程碑时点。

（二）全球基准利率改革的结果

历经10年，全球基准利率改革在2023年已经接近尾声，全球主要经济体均已经确定了替代基准利率，新基准利率普遍是由实际交易产生的隔夜无风险利率（Risk-free Rate，简称RFR），LIBOR基本退出了历史舞台——所有期限的英镑、欧元、瑞士法郎和日元LIBOR已经在2021年底停止报价，期限为1周和2个月的美元LIBOR同样在2021年底停止报价，而关键期限的美元LIBOR也仅持续报价到2023年6月底。以LIBOR为标的的未到期衍生品合约的过渡方案已经确定，基于新基准利率的衍生品的交易量也在稳步上升。

1. 隔夜无风险利率成为全球基准利率的主流

全球主要经济体选定的新基准利率多为基于实际交易的隔夜无风险利率。表2-4总结了主要经济体的旧基准利率和新基准利率。

表2-4 境外主要市场新旧基准利率和以新基准利率为标的的期货

国家（地区）	原基准利率	原基准利率管理者	替代基准利率	替代基准利率管理者	基于替代基准利率的场内利率衍生品
澳大利亚	Bank Bill Swap Rate（BBSW）	澳大利亚证券交易所（ASX）	Reserve Bank of Australia Interbank Overnight Cash Rate（AONIA）	澳大利亚央行	30天银行间利率期货
加拿大	Dollar Canadian Dollar Offered Rate（CDOR）	Refinitiv	Canadian Overnight Repo Rate Average（CORRA）	Refinitiv	3个月CORRA期货
欧元区	LIBOR	ICE Benchmark Administration（IBA）	Euro Short-term Rate（€STR）	欧洲央行	一个月欧元隔夜利率指数期货
	Euro Interbank Offered Rate（EURIBOR）	European Money Markets Institute			
瑞士	LIBOR	ICE Benchmark Administration（IBA）	Swiss Average Rate Overnight（SARON）	SIX Swiss Exchange	3个月SARON期货

续表

国家（地区）	原基准利率	原基准利率管理者	替代基准利率	替代基准利率管理者	基于替代基准利率的场内利率衍生品
美国	LIBOR	ICE Benchmark Administration (IBA)	Secured Overnight Financing Rate (SOFR)	纽约美联储（Federal Reserve Bank of New York）	1个月 SOFR期货 3个月 SOFR期货
英国	LIBOR	ICE Benchmark Administration (IBA)	Sterling Overnight Index Average (SONIA)	英国央行	1个月 SONIA期货 3个月 SONIA期货
日本	LIBOR	ICE Benchmark Administration (IBA)	Tokyo Overnight Average Rate (TONA)	日本央行	3个月 TONA期货
	Tokyo Interbank Offered Rate (TIBOR)	Japanese Bankers Association TIBOR Administrator (JBATA)			
中国香港地区	Hong Kong Interbank Offered Rate (HIBOR)	财资市场工会（Treasury Markets Association，简称TMA）	Hong Kong Dollar Overnight Index Average (HONIA)	财资市场工会（Treasury Markets Association，简称TMA）	无

资料来源：作者整理。

从全球范围看，基准利率改革有两个特征。第一个特征是大部分市场的新基准利率都是回购交易产生的隔夜无风险利率，比如美国的担保隔夜融资利率（Secured Overnight Financing Rate，简称SOFR）。这主要是对国际监管机构倡议的回应，IOSCO的《金融基准原则》推荐基准利率制定者使用活跃市场的交易数据来确定基准利率。我国央行选定的短期基准利率——存款类金融机构间 7 天质押式回购利率（DR007）也是基于实际交易产生的利率，但并不是隔夜利率。

第二个特征是为了使用前瞻法（Forward-looking Approach）构建基准利率曲线，大部分市场都配套推出了以新基准利率为标的的衍生品。截至 2023 年，除了中国香港的新基准利率还没有配套的期货品种，其他主要经济体的交易所都上市了以新基准利率为标的的期货。

但需要说明的是，LIBOR 将于 2023 年年中退出市场，并不意味着 IBOR 类利率彻底消失。全球基准利率改革主要有两种模式。一种是新基准利率完全替代 IBOR 类旧基准利率，典型代表是英国和美国。另一种是引入新基准利率后，并不要求报价团停止对 IBOR 类利率的报价，旧基准利率继续存在，只是不再具有基准利率的作用。比如欧元区和日本，这两个市场的新基准利率分别是欧元短期利率（Euro Short-term Rate，简称€STR）和东京隔夜平均利率（Tokyo Overnight Average Rate，简称 TONA），但这两个市场的旧基准利率——欧元银行间同业拆借利率（Euro Interbank Offered Rate，简称 EURIBOR）和东京银行间同业拆借利率（Tokyo Interbank Offered Rate，简称 TIBOR）还将继续存在。我国市场的 SHIBOR 和我国香港地区的 HIBOR 也将继续存在。

2. 新基准利率曲线构建取得明显进展

基准利率要起到为各期限金融资产定价的作用，比如对于衍生品市场，基准利率通常作为无风险利率，用来为利率互换合约和期权等衍生品进行定价和估值，而对于贷款市场，基准利率被用来确定不同期限商业贷款的利率。因此，构建基准利率体系不仅要选定基准利率，还要构建覆盖多个期限的基准利率曲线。

境外主要金融市场的新基准利率均为隔夜利率，因此构建利率期限结构成为基准利率改革的难点之一。使用隔夜利率构建利率曲线有两个问题：第一个是隔夜利率只有一个期限，而商业贷款和衍生品一般是长期的,期限可能为6个月、1年或1年以上。应该如何用隔夜利率创造出长期利率呢?第二个问题是隔夜利率基于已经发生的交易,是个后顾型利率(Backward – looking Rate)。所谓的后顾型利率是指,利率在交易发生后才能被确定。举例来说,美联储于美国东部时间每日上午8点之前公布SOFR,当日公布的SOFR的计算基础是上一个交易日的回购交易,意味着交易者不可能知道明天的SOFR。与后顾型利率相对,前瞻型利率(Forward – looking Rate)是在计息期开始之前就确定的利率,商业习惯是使用前瞻型利率。LIBOR就是典型的前瞻型利率,3个月LIBOR的利率在计息期开始前就可以确定,即交易参与者在交易开始前就确定了3个月后需要支付的利息。我们日常习惯中的利率其实都是前瞻型利率,比如企业在今天和银行协商一笔3个月后偿还的商业贷款,企业会要求在今天就确定下来3个月后支付的利率。相反,如果使用后顾型利率,那么企业在贷款3个月到期后,才能知道其应该支付的利率,企业在使用贷款的3个月内面临利率的不确定性,这并不符合商业习惯。

境外基准利率管理者提出了后顾法(Backward – Looking Approach)和前瞻法(Forward – looking Approach)来构建基准利率曲线。后顾法是指基于过去已经实现的隔夜利率,采用单利或复利滚动计算各期限利率。在具体操作时,后顾法有三种处理方法,一是从计息期起点开始向前期取值(见图2 – 3A),二是从计息期终点开始向前期取值(见图2 – 3B),三是从计息期终点开始向前期取值,同时增加回溯期(Lookback Period)(见图2 – 3C)。

使用简单的例子来说明这三种技术处理的区别。我们假设一笔商业贷款的期限是5天(图中灰色阴影部分),计息期首日是T0日,计息期终点是T5日,回溯期为2天。实务中回溯期的长短由双方协商确定,一般是5个交易日,三种处理方法的示意图如图2 – 3所示。

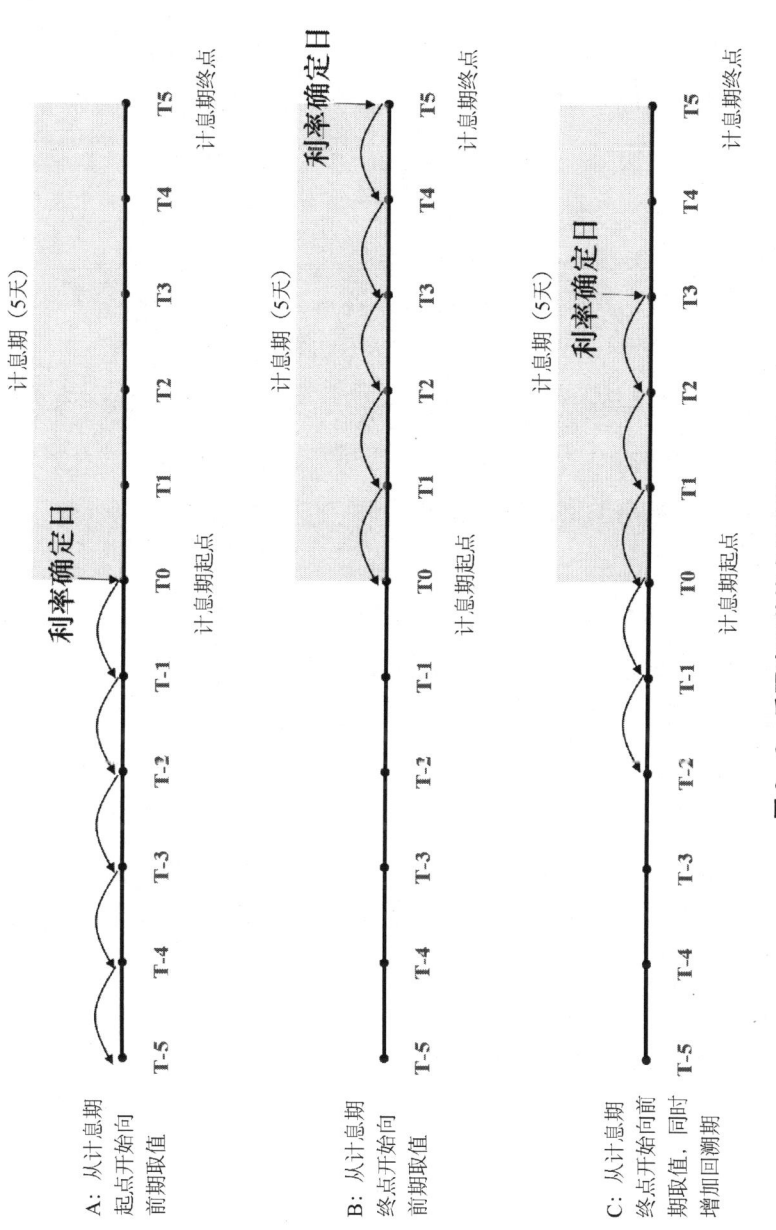

图 2-3 后顾法三种技术处理的对比

从计息期起点开始取值这种处理法的优点是在计息期开始时就可以确定利率，但是缺点是计算使用的利率是计息期之前的隔夜利率，取值时间段和实际计息期的利率水平不一致，当计息期较长时（比如6个月），这种方法会使计算得到的利率和计息期的实际利率差距较大。相反，从计息期终点开始取值的处理法的优点是计算得到的利率可以代表计息期期间的利率，但是缺点是在计息期终点才能知道利率，使借款人面临很大的不确定性。

境外实务中用得较多的是"从计息期终点开始向前期取值同时增加回溯期"的处理方法，它是上述两个方法的折中。这种做法在计算利率时并不是从计息期终点才开始回溯取值，而是提前一段时间就开始回溯取值，这个提前的时间区间被称为"回溯期"。该方法的优点是计算得到的利率与计息期的实际利率较为接近，并且不必等到计息期终点就可以知道利率。

但三种技术处理方法都和商业习惯有较大差距，而且后顾法计算基准利率曲线的公式非常复杂①，实务中更加偏好用前瞻型利率，所以引发使用前瞻法构建基准利率曲线的需求。

前瞻法是指以基准利率的利率互换（IRS）或期货等衍生品的价格为基础计算各期限利率的方法。因为衍生品价格是对未来一段时间基准利率均值的预期，所以根据不同期限的衍生品合约价格，可以构造出一条基准利率曲线。前瞻法的优点是在计息期开始时即可确定利率，符合市场习惯，并且它比计算复杂的后顾法更简单。2021年7月29日，美国替代基准利率委员会（Alternative Reference Rates Committee，简称ARRC）正式推荐了由芝加哥商业交易所（CME）管理并发布的前瞻型

---

① 主要是因为基准利率一般是隔夜利率，在计算利率时，需要将计息期内每个工作日的基准利率进行复利计算。借款人并非每天都支付所欠利息，所欠但未支付的累计利息本身也会计息，所以借款协议一般规定采用非累计复利计算法（Non-cumulative Compounding Methodology），这样就可以计算出计息期内任何一日的累计利息，便于提前还款以及二级市场交易，但是非累计复利计算法相当复杂。

SOFR期限结构,并发布了该前瞻型利率期限结构的《最佳用法指南》①。这个基于前瞻法构建的基准利率期限结构包含1个月、3个月及6个月共3个关键期限,由 CME 基准管理有限公司负责计算并发布,期限结构的构建使用 SOFR 期货的交易数据。CME 公布前瞻型 SOFR 曲线是美元 LIBOR 向 SOFR 转换的重要里程碑,意味着市场已经可以使用新基准利率构建符合商业习惯的基准利率曲线。

虽然前瞻法有计算简单和符合商业习惯的优点,但金融稳定委员会(Financial Stability Board,简称 FSB)也在报告中②表示,并不是所有市场都适合使用前瞻法构造基准利率期限结构,因为使用前瞻法的重要基础是衍生品市场具有充足的流动性,如果衍生品市场流动性不足,则不推荐使用前瞻法构建基准利率期限结构。而且,使用前瞻法构建的基准利率曲线的波动率通常大于基于后顾法构建的基准利率曲线的波动率。

3. 利率衍生品市场完成新旧基准利率过渡

基准利率改革过程中遇到的另一个核心问题是,如何处置尚在存续期的以旧基准利率为标的的金融衍生品。对于规模较为庞大的场外衍生品,国际掉期与衍生工具协会(International Swaps and Derivatives Association,简称 ISDA)给出的解决方案是:对产品进行后续的定价和结算时,使用新的基准利率来替换旧基准利率。以基于 LIBOR 的衍生品为例,就是以新基准利率加上一定利差来替代 LIBOR。利差的数值将根据新基准利率和 LIBOR 利差的历史中位数来确定。

交易所上市的场内衍生品同样面临该问题,具体有两种情况:第一种情况是作为期货标的的旧基准利率会继续存在。比如东京金融期货交易所上市的3个月 TIBOR 期货和香港交易所上市的1个月 HIBOR 和3个月 HIBOR 期货。这两个市场的 IBOR 类利率将与新基准利率同时存

---

① ARRC, 21 July 2021. Best Practice Recommendations Relating to Term SOFR's Scope of Use. Newyorkfed.org

② FSB, 2 June 2021. Interest rate benchmark reform: Overnight risk-free rates and term rates. FSB.org.

在，且不会停止报价，因此这部分基于旧基准利率的衍生品可以继续进行交易，虽然后续这类基于旧基准利率的衍生品的交易量很可能会进一步萎缩，因为一旦基于新基准利率的衍生品出现，市场流动性就会向这些产品转移。第二种情况是作为期货标的的旧基准利率已经停止报价，或者很快就会停止报价。典型代表就是 CME 上市的欧洲美元期货，该产品在基准利率改革完成前一直是全球交易量排名前列的场内利率衍生品。在 CME 推出了以新基准利率 SOFR 为标的的期货和期权后，欧洲美元期货的交易量开始逐步下降，但由于其市场规模巨大，交易者对其依赖性较强，相较 LIBOR 退市的速度，欧洲美元期货交易量下降的速度无法跟上，CME 的欧洲美元期货在 2021 年的持仓量还是高达 1100 万手。对于这类标的将不再存在的衍生品，LIBOR 停止报价后，所有未平仓合约将被强制转换为对应期限的 SOFR 期货和期权合约，对于 LIBOR 和 SOFR 之间利差导致的合约价格差异，将通过在 LIBOR 基础上加减利差的方式进行调整。

  截至 2022 年底，市场对欧洲美元期货的依赖程度已经有所降低，3 个月 SOFR 期货的交易量和持仓量均超过了欧洲美元期货。2022 年底，3 个月 SOFR 期货的持仓量约为 810 万手，较 2021 年上升了 400%，而欧洲美元期货 2022 年底的持仓量降至 600 万手左右，较 2021 年下降了 47%。2022 年，SOFR 期货已经基本取代了欧洲美元期货，成为北美市场具有代表性的利率期货品种。2022 年 9 月 14 日，CME 宣布① 2023 年 4 月 14 日开始执行基准利率转换的后备方案，将未到期的欧洲美元期货转换为相应期限的 SOFR 期货，届时除了 2023 年 6 月 30 日之前到期的欧洲美元期货合约外②，其他欧洲美元期货持仓将不再存在。在衍生品市场，由旧基准利率衍生品向新基准利率衍生品的过渡也基本完成。

---

  ① CME, 06 Sep 2022. CME Group Proposes April 14, 2023 for Fallbacks Conversion of Eurodollar Futures and Options Contracts. CME 官网。

  ② 由于 3 个月期限的美元 LIBOR 将持续报价到 2023 年 6 月 30 日，2023 年 6 月 30 日之前到期的欧洲美元期货可以继续交易至到期，不需要进行强制转换。

二、我国基准利率体系

在 2013 年以前,我国央行主要采用数量型的货币政策目标,即主要调控广义货币供应量(M2)。但央行逐渐意识到 M2 的可控性下降,从 2013 年就开始将货币政策目标向价格型目标[①]——调控基准利率方向转变。价格型货币政策的实施必须依靠基准利率体系,因为价格型货币政策的操作目标是市场基准利率,货币政策需要从政策利率通畅地传导至市场基准利率,由市场基准利率影响其他市场利率,其他市场利率会影响居民和企业的投融资成本,从而影响其行为,并最终影响实体经济。我国重要的指标性利率情况见表 2-5。

表 2-5　　　　　　　　我国重要的指标性利率情况

利率名称	类型	主要期限	开始公开发布时间	说明	确定方法
公开市场操作利率:7 天逆回购利率	政策利率	7 天	1999 年	央行短期政策利率	央行以利率招标方式确定中标逆回购利率
中期借贷便利(MLF)利率[②]:1 年	政策利率	1 年	2016 年	央行中期政策利率	央行以利率招标方式确定中标利率
常备借贷便利(SLF)利率:7 天	政策利率	7 天	2014 年	利率走廊上限:央行向金融机构按需提供短期资金的利率	基于央行公开市场操作 7 天逆回购利率,7 天 SLF 利率 = 7 天逆回购利率 + 100BP

---

① 价格型货币政策目标和数量型货币政策目标的核心区别是,在使用价格型货币政策目标时,央行通过设定政策利率来调控市场利率水平,而不是运用公开市场操作改变货币供应量来调控市场利率。

② MLF 有三个操作期限,分别是 3 个月、6 个月和 1 年,其中 1 年期是主要操作期限,其他期限是辅助期限。

金融衍生品的关键问题

续表

利率名称	类型	主要期限	开始公开发布时间	说明	确定方法
超额存款准备金率（超储率）：金融机构	政策利率		2001年	利率走廊下限：央行对金融机构超额准备金支付的利率	央行自行决定
存款类金融机构间质押式回购利率①：7天（DR007）	市场利率	7天	2014年	货币市场基准利率	基于存款类机构在银行间市场进行的以利率债为质押的回购交易②
贷款市场报价利率（LPR）	市场利率	1年	2013年	贷款市场基准利率	LPR由18家报价行于每月20日9时前，按公开市场操作利率（主要指MLF利率）加点的方式，向全国银行间同业拆借中心报价。全国银行间同业拆借中心按去掉最高和最低报价后算术平均的方式计算得出贷款市场报价利率
		5年	2019年		

① 又称"银银间质押式回购利率"。
② 存款类机构包括政策性银行、大型商业银行、股份制银行、城市商业银行、农村商业银行及合作银行、农村信用联社、外资银行、民营银行、村镇银行等存款类机构。利率债包括国债、央行票据和政策性金融债。

续表

利率名称	类型	主要期限	开始公开发布时间	说明	确定方法
国债到期收益率	市场利率	1年、2年、3年、5年、7年、10年	2002年	债券市场基准利率	通过银行间市场交易形成
上海银行间同业拆放利率（SHIBOR）	市场利率	隔夜、3个月	2006年	—	由信用等级较高的银行组成报价团自主报出的人民币同业拆出利率计算确定的算术平均利率，是单利、无担保、批发性利率

资料来源：作者根据中国人民银行网站和外汇交易中心网站整理。

介绍我国基准利率体系不仅是简单说明哪些利率是基准利率，还要解释三个问题：一是基准利率和政策利率的关系；二是基准利率和利率走廊（Interest Rate Corridor）机制的关系；三是我国怎样构建基准利率期限结构。

（一）政策利率和基准利率

政策利率是作为货币政策制定者的央行为了实现货币政策目标而设置的利率，而基准利率通常是指市场基准利率，并不由央行直接设置。从其名字可以看出，基准利率是作为确定其他利率的基准的利率，比如用来确定商业贷款利率——商业贷款利率通常在相应期限基准利率的基础上加一定点数来确定。市场基准利率通过市场方式形成，能够代表特定期限的资金成本并被市场参与者广泛用于金融资产定价。简单来说，央行能够直接调节的是政策利率，政策利率可以影响市场基准利率和其他市场利率。我国政策利率、市场基准利率和其他市场利率之间的关系见图2-4。

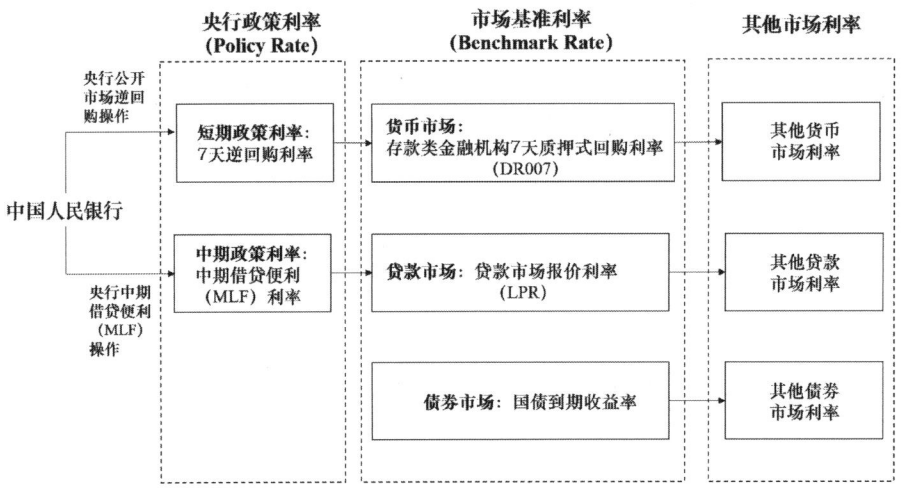

图2-4 我国政策利率、市场基准利率和其他市场利率的传导关系

资料来源：作者绘制。

根据中国人民银行2020年发布的报告《参与国际基准利率改革和健全中国基准利率体系》[①]，我国以"公开市场操作7天期逆回购利率"为短期政策利率，以"中期借贷便利（Medium-term Lending Facility，简称MLF）利率"为中期政策利率。"存款类金融机构间7天质押式回购利率（DR007）"是短期市场基准利率，"贷款市场报价利率（LPR）"是中期市场基准利率。准确来说，央行公开市场操作利率和中期借贷便利（MLF）利率是通过利率招标方式确定的。利率招标属于市场化手段，但是因为央行可以对中标量进行控制，所以本书认为这两个利率都

---

① 中国人民银行：参与国际基准利率改革和健全中国基准利率体系. 中国人民银行网站，2020年8月31日。

属于央行可以直接调控的政策利率，而非市场利率。央行发布的官方报告，比如上文提到的《参与国际基准利率改革和健全中国基准利率体系》和央行官员在公开媒体发表的文章①的观点也认为这两个利率是政策利率。

如图2-4所示，当前我国央行采用的价格型货币政策的利率调控体系有两条明确的由政策利率通过市场基准利率向其他市场利率的传导路线，一条是短期利率调控传导路线，也可以被称为货币市场利率传导路线。央行通过公开市场操作直接调节逆回购利率，7天逆回购利率会影响银行间市场存款类机构7天回购利率（DR007），然后DR007又会影响银行间质押式回购利率（R007）②和存款类机构同业拆借利率（DIBO）③等其他货币市场利率。

另一条是中期利率调控传导路线，也可以被称为贷款市场利率传导路线。在这条路线上，央行通过中期借贷便利操作直接调节期限为1年的中期借贷便利（MLF）利率，然后MLF利率会影响贷款市场报价利率（LPR）④，LPR又会影响各银行实际发放的贷款利率——央行要求⑤，各银行实际发放的贷款利率可根据借款人的信用情况，考虑抵押、期限、利率浮动方式和类型等要素，在LPR的基础上加减点确定。目前，LPR包括1年期和5年期两个期限品种。银行的1年期和5年期

---

① 易纲（时任中国人民银行行长）："中国的利率体系与利率市场化改革"，《金融研究》2021年第9期，495（9）：1-11。
② 银行间质押式回购利率（R）不同于存款类金融机构间质押式回购利率（DR），银行间质押式回购利率（R）的计算包含银行间市场所有参与主体的回购交易，并且对回购的质押物不做限制，而计算存款类金融机构间质押式回购利率（DR）时，仅包括存款类金融机构的回购交易，并且质押物限为利率债。
③ DIBO又称银行间拆借利率，是以成交量为权重计算得到的加权平均利率，其名称和SHIBOR较为接近，但两者并不相同，SHIBOR也是信用拆借利率，但SHIBOR不是基于实际成交计算得到的利率，而是报价利率。
④ 央行要求LPR报价行在每月20日进行LPR报价时，报价应该按MLF利率加点形成的方式，向全国银行间同业拆借中心报价。因此，MLF利率对LPR利率的影响非常显著。
⑤ 中国人民银行：中国人民银行公告〔2019〕第15号．中国人民银行网站，2019年8月16日。

以上贷款参考相应期限的 LPR 定价，而 1 年期以内、1 年至 5 年期贷款利率由银行自主选择参考的期限品种定价。

除了短期利率调控路线和中期利率调控路线外，为了实现货币政策目标，还应该有长期利率调控路线，或者说债券市场利率调控路线。国债收益率是债券市场的基准利率，地方政府债、金融债、公司债等其他债券的定价应该基于国债收益率加点数确定。但我国政策利率向国债收益率的传导路线并不畅通。理论上，贷款与国债对银行而言属于具有一定替代关系的投资产品，银行在通过央行公开市场操作和中期借贷便利操作获得的流动性可以用于发放贷款，也可以用于购买国债。但是，如图 2-5 所示，短期政策利率（灰色虚线）和中期政策利率（黑色实线）传导至 1 年期国债到期收益率（灰色实线）的效果不佳，比如 2020 年初政策利率连续下调，1 年期国债到期收益率虽然也出现大幅下降，但之后又回归到前期高点之上。

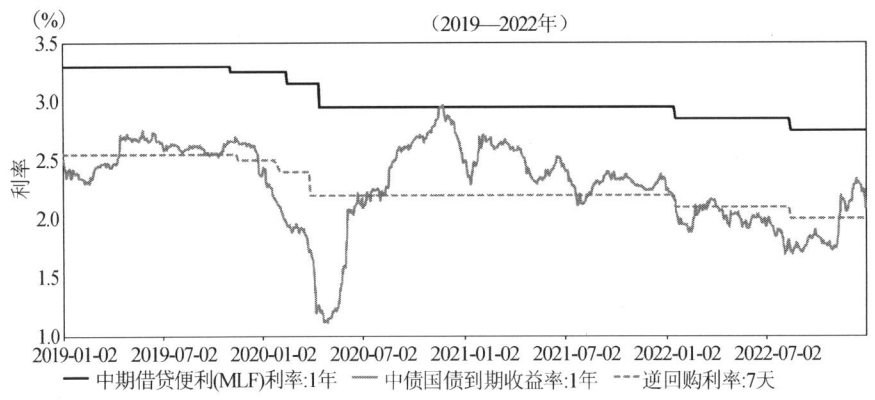

图 2-5　短期、中期政策利率和短期国债收益率走势关系

资料来源：Wind。

我国长期利率调控路线不畅通一定程度上是我国银行间衍生品市场（即场外衍生品市场）和交易所衍生品市场缺乏联系所导致的——商业银行作为银行间衍生品市场的主要参与者，目前只是试点式参与国债期货市场。衍生品市场的套利机制可以起到连接短期基准利率和国债收益率的作用，具体来说，政策利率可以影响市场短期基准利率，而通过利率衍生品和国债期货间的套利交易，市场短期基准利率里包含的货币政策信息可以传导至国债收益率。固定收益市场中常用的套利策略之一"Invoice Swap 策略"需要使用利率互换合约（IRS）和国债期货[①]来实施，该策略被用来交易"互换利差（Swap Spread）"。互换利差是指互换利率（Swap Rate）[②] 和国债收益率之差。实施 Invoice Swap 策略的交易者持有国债期货多头，并通过回购交易为期货多头融资，同时买入一个远期开始的 IRS（即支付固定利率，收取浮动利率），该 IRS 的生效时间是国债期货的最后交割日，IRS 的到期日则是国债期货的最便宜可交割券（简称 CTD）的到期日。通过这个策略，套利者可以收到 IRS 浮动端利率和国债收益率，但需要支付回购利率和互换利率，两部分之差就是套利空间。具体来说，这个策略的持有收益如下：

Invoice Swap 净收益（Net Carry）

=国债收益率 + 浮动端利率 − 互换利率 − 回购利率

=浮动端利率 − 回购利率 − （互换利率 − 国债收益率）

=浮动端利率　回购利率　互换利差

IRS 浮动端利率通常是市场基准利率，比如基准利率改革后，美国市场 IRS 浮动端的利率主要是 SOFR，因此，通过这种套利策略，基准利率中包含的信息可以迅速传导至国债期货市场，从而实现货币政策在债券市场利率调控路线上传导。

（二）基准利率和利率走廊机制

利率走廊机制是我国央行货币政策工具之一，构成利率走廊上限和

[①] 该策略使用的国债期货和 IRS 组合需要保持风险中性，即组合整体的基点价值（PVBP）为零。

[②] 互换利率是利率互换合约中的固定利率报价，可以认为该利率是未来支付的一系列浮动端利率的期望平均值。

下限的利率均是央行制定的政策利率,利率走廊机制和央行主要的公开市场操作利率——7 天逆回购利率相配合,可以实现央行引导短期市场基准利率——DR007 的目标。具体来说,对于采用价格型货币政策目标的央行,利率走廊机制的作用是保证政策利率可以有效地传导到市场基准利率,保证市场基准利率不会过度偏离央行目标。

我国利率走廊的上限是常备借贷便利(Standing Lending Facility,简称 SLF)利率[①],SLF 利率是央行向金融机构按需提供短期资金的利率,利率的具体数值基于央行公开市场操作 7 天逆回购利率,期限为 7 天的 SLF 利率等于 7 天逆回购利率加 100 基点。我国利率走廊的下限是超额存款准备金率,即央行对金融机构存放在央行的超额准备金支付的利率。

不管是我国还是境外央行,在设计利率走廊机制时,通常将向央行贷款的利率设为利率走廊的上限,将向央行存款的利率设为利率走廊的下限。可从商业银行的角度理解其原因:央行货币政策的目标是影响市场利率,市场利率可以简单理解成商业银行之间互相借钱的利率。如果向其他商业银行借钱的利率高于向央行借钱的利率,商业银行会直接向央行借钱,因此,商业银行向其他商业银行借钱的利率最高也不会超过向央行贷款的利率。而向央行存款的利率之所以是利率走廊的下限,是因为如果商业银行将资金借给其他商业银行能赚到的利息还不如将资金存入央行赚到的利息,商业银行就会将资金存入央行,因此,短期市场基准利率不会低于超额存款准备金率。

简单来说,利率走廊机制实际上是给短期市场基准利率设置了上下限,是短期市场基准利率的稳定器。如果不存在利率走廊机制,虽然央行希望短期政策利率可以引导短期市场基准利率到达其目标水平,但是基准利率是市场利率,除了受到央行政策利率的影响,还受到商业银行

---

① 中国人民银行货币政策分析小组:2015 年第一季度中国货币政策执行报告,第 10 页,中国人民银行网站,2015 年 5 月 8 日。

流动性需求和市场风险情况等其他因素的影响，市场基准利率因此可能显著偏离央行预定的目标。央行使用利率走廊机制，保证短期市场基准利率不会过度偏离目标水平。图2-6显示了短期市场基准利率DR007、短期政策利率7天逆回购利率和利率走廊上下限的变动。图2-6中黑色实线是作为货币政策调控目标的市场基准利率DR007，黑色虚线是作为利率走廊机制中枢的政策利率——公开市场操作7天逆回购利率。

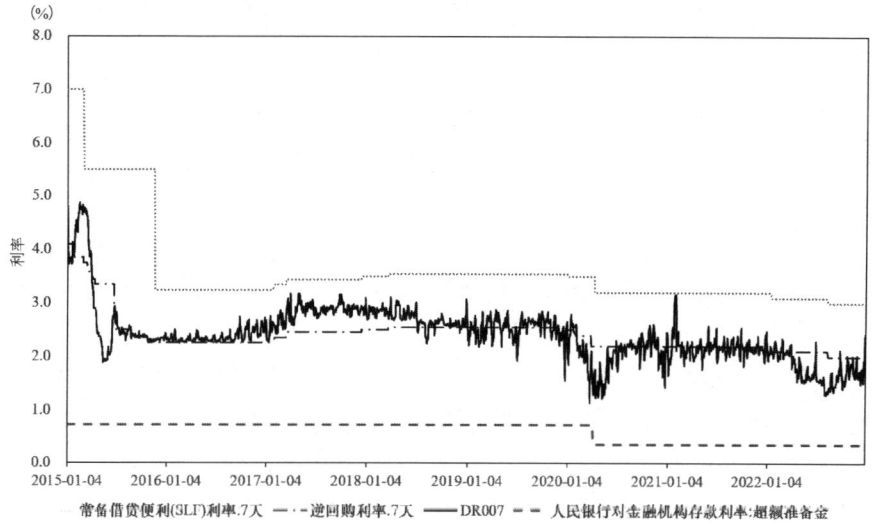

图2-6　我国利率走廊机制

资料来源：Wind。

我国利率走廊机制在稳定短期市场基准利率上有明显作用。一是短期市场基准利率DR007始终在以7天SLF利率为上限、超额存款准备金率为下限的利率走廊内；二是DR007围绕作为利率走廊中枢的公开市场操作7天逆回购利率波动。

利率走廊机制不是我国央行首创，长期以来，欧洲央行一直采用利率走廊机制来实现货币政策目标。欧洲央行有三大关键政策利率：一是边际贷款利率（Marginal Lending Facility Rate），是商业银行向欧洲央行借款时支付的隔夜贷款利率，是欧洲央行利率走廊上限，类似我国常备借贷便利（SLF）。二是存款利率（Deposit Facility Rate），是商业银行在央行存款的隔夜利率，如果利率为正，欧洲央行支付给商业银行，如果利率为负数，商业银行支付给欧洲央行。该利率是欧洲央行利率走廊的下限，其作用类似我国的超额存款准备金率。欧洲央行的第三个关键政策利率是主要再融资利率（Main Refinancing Operations Rate），是商业银行向欧洲央行借一周钱的贷款利率[1]，是欧洲央行利率走廊的中枢，其作用类似我国的公开市场操作 7 天期逆回购利率。而欧洲央行为欧元区选择的市场基准利率是前文提到的欧元短期利率（Euro Short - term Rate，简称€STR），该利率反映欧元区银行进行欧元无担保隔夜拆借的批发成本，其计算基于欧元区银行和金融机构发生的实际隔夜拆借交易[2]。

（三）我国基准利率期限结构

如上文所述，构建基准利率体系还包括构建基准利率曲线。境外市场的新基准利率主要是单一期限的隔夜无风险利率，因此境外的普遍做法是使用后顾法或前瞻法，基于隔夜利率构造一条覆盖多个期限的基准利率曲线。但是我国不同，我国存在货币市场、贷款市场和债券市场分割的情况，因此需要使用不同的基准利率曲线。也就是说，在为不同市场的产品定价时，需要分别构建曲线。目前，作为我国债券市场基准的国债收益率曲线已经形成了完整的管理体系，外汇交易中心每日公布国债收盘收益率曲线。但是，如何使用短期基准利率 DR 和中期基准利率 LPR 构造曲线，还没有较为明确的方案。中国人民银行和外汇交易中心没有公布推荐的基准利率曲线构建方法。

境外基准利率管理机构通常会发布基准利率曲线或者基准利率曲线

---

[1] 该利率低于边际贷款利率，因为边际贷款利率是隔夜利率，是给商业银行的紧急流动性支持，所以商业银行需要支付的利息较高。

[2] ECB, March 2021. The euro short - term rate (€STR) methodology and policies. ECB 官网。

构建方法说明，比如美国替代基准利率委员会（ARRC）就推荐了芝加哥商业交易所（CME）根据 SOFR 期货价格编制并发布的前瞻型 SOFR 期限结构①。虽然中国人民银行对如何构造曲线没有明确表态，但其在报告《参与国际基准利率改革和健全中国基准利率体系》②中表示"研究构建以短期 DR 为基础的后顾法期限利率，同时通过推动以 FDR001③为基础的 OIS 市场发展探索构建前瞻法期限利率"。可以看出，我国央行目前更偏向使用后顾法构建基准利率曲线，而对于用前瞻法构建基准利率曲线的方法还处于探索阶段。

三、我国基准利率体系和境外的差异

与欧美市场相比，中国基准利率体系建设虽起步较晚，但却不像欧美市场有历史沿袭的制约，因此中国在参与全球基准利率改革以及建设中国市场基准利率体系的过程中，显示出了和其他市场的显著不同。

（一）改革负担较少

我国央行在建设基准利率体系早期就选择了基于实际交易的基准利率。虽然我国也有 IBOR 类利率——SHIBOR，但 SHIBOR 在我国并没有被广泛用于确定商业贷款利率和衍生品定价。换句话说，SHIBOR 在我国市场未承担基准利率的角色，因此在基准利率改革的过程中，我国金融市场不像很多境外市场一样要推动基准利率由 IBOR 转换为基于回购市场的新基准利率。同时，SHIBOR 将继续报价，我国金融市场在衍生

---

① ARRC, 21 May 2021. ARRC Releases Update on its RFP Process for Selecting a Forward – Looking SOFR Term Rate Administrator. Newyorkfed. org.

② 中国人民银行："参与国际基准利率改革和健全中国基准利率体系"，第 25 页，2020 年 8 月 31 日。

③ FDR 是银银间回购定盘利率，以银行间市场每天上午 9：00—11：30 间的 DR 交易为基础编制而成，每天上午 11：30 起对外发布。

品合约转换方面面临的阻碍和困难也较少。

（二）存在基于报价的基准利率

基准利率改革后，境外市场普遍以实际交易产生的利率作为新基准利率，基准利率曲线则是由这单一期限的利率构建而成。即使在一些市场，基于报价产生的旧基准利率并不停止报价，但旧基准利率也不再承担市场基准利率的作用，只是作为市场参考而存在。但我国市场同时存在基于实际交易的基准利率 DR 和基于报价产生的基准利率 LPR。

根据我国央行关于基准利率改革的报告《参与国际基准利率改革和健全中国基准利率体系》，DR007 是我国的短期市场基准利率，而 LPR 是我国的中期市场基准利率。DR 是基于回购交易产生的利率，和国外对基准利率的选择较为一致，但 LPR 是基于银行报价得到的利率，这点和境外实践有很大差异。

我国央行选择两个基准利率并行的主要原因是我国货币市场和贷款市场分割，无法使用货币市场的基准利率去为商业贷款确定利率。我国利率市场化改革分步进行，先进行货币市场和债券市场利率市场化，之后进行存贷款利率市场化。因此，我国利率体系在很长一段时间内都表现出"双轨制"特征，即尚未完全市场化的存贷款利率和完全市场化的货币市场利率并存，推进利率"两轨合一轨"成为利率市场化改革的重要内容。央行发布的《2019 年第一季度中国货币政策执行报告》就提出贷款利率市场化核心在于利率并轨。在这样的市场背景下，央行政策利率通过货币市场向贷款市场传导的通道是不畅通的，因此仅以货币市场的利率 DR007 作为基准利率略显不足，还需要针对贷款市场选择市场基准利率。所以，央行选择以市场化定价的 LPR 作为贷款市场的基准利率。

即使货币市场和贷款市场的分割问题得到解决，由于我国基于隔夜利率构建前瞻型利率期限结构存在困难，依然不能仅以单一期限的后顾型利率 DR 作为基准利率，还是需要一个基于报价的前瞻型利率，以满足商业贷款的行业习惯。具体来说，对于回购利率这样的后顾型利率，构建前瞻型利率期限结构需要基于高流动性的衍生品市场，一般是基于短期利率期货或利率互换构造期限结构。比如，美国市场基于 SOFR 期货构造了 SOFR 期限结构，并使用这个曲线为各类资产定价，以及确定商业贷款利率。但是这种解决方案在中国很难实施，因为这个方案的基础条件是利率衍生品市场需要具有价格代表性、高流动性和抗市场操纵性。基于 SOFR 的衍生品在美国的芝加哥商业交易所（CME）上市，CME 是世界上流动性最好的衍生品市场之一，其上市的 3 个月 SOFR 期货的价格具有很强的市场代表性，基于其价格构建基准利率曲线，面临的市场操纵风险低，而且可以代表市场观点。但是，我国目前没有上市以 DR 为标的的利率期货，以 DR 为标的的场外衍生品市场的流动性也较差，因此无法基于利率衍生品构建市场代表性强且抗市场操纵的前瞻型基准利率曲线。从短期来看，快速建立一个高流动性的场内利率期货市场或高流动性的场外利率衍生品市场都不太现实，因此，我国央行还是回归了依靠报价确定前瞻型利率的方式，选择以基于银行报价产生的前瞻型利率 LPR 作为中期市场基准利率。

需要额外说明的是，以基于报价的利率作为基准利率虽然和境外主要市场的实践不一致，但并不违反国际证监会组织（IOSCO）制定的《金融基准原则》。《金融基准原则》并没有强制要求基准的计算必须使用实际交易产生的数据，LPR 这类使用报价产生的基准利率依然被原则所允许，即国际标准并没有排除使用"专家判断法（Expert Judgment）"确定基准利率。

（三）无风险利率曲线或不使用基准利率构建

对于衍生品市场，基准利率的重要作用是作为无风险利率为衍生品进行估值。在基准利率改革后，境外市场一般使用新基准利率构建隔夜指数互换（Overnight Index Swap，简称 OIS）利率曲线，将该曲线作为无风险利率曲线为利率互换（IRS）和信用违约互换（CDS）等衍生品估值，比如美国市场使用 SOFR 的 OIS 曲线作为无风险利率。如果按照境外衍生品市场的惯例做法，我国为衍生品估值使用的无风险利率曲线也应该是基于隔夜利率 DR001 构建的 OIS 曲线，这也是中国人民银行在《参与国际基准利率改革和健全中国基准利率体系》报告中提出"推动以 FDR001 为基础的 OIS 市场发展"的原因。但我国的市场基准利率并非隔夜利率 DR001，而是 DR007。因此，我国的无风险利率曲线或不基于基准利率构建。

需要额外说明的是，虽然 DR007 是短期基准利率，LPR 是中期基准利率，国债到期收益率是期限较长的债券市场的基准利率，但并不推荐将三种利率拼接起来构造一条基准利率曲线，正确的做法是分别构建曲线。比如为衍生品估值构造无风险利率曲线时，应该基于 DR 构造利率曲线，该曲线的短端和长端利率均应该使用 DR001 利率互换合约的互换利率，而不是短端基于 DR 衍生品价格，长端使用长期国债收益率来构造。之所以不能使用"拼接"曲线，根本原因是不同种类利率的信用水平不同，DR 和 LPR 都代表商业信用，而国债代表国家主权信用，这三个利率之间存在信用利差。实际上，在美国市场，以基准利率 SOFR 为标的的 IRS 的互换利率和对应期限国债到期收益率的利差被称为"互换利差"，是一个重要的经济指标，上文中提到的"Invoice Swap 策略"就是在交易这个指标。对这个指标有多种经济学解释，较为常见的解释是，该指标反映信用风险程度，该指标升高时，说明市场认为信用风险在升高。

第三节 使用国债期货管理信用债风险的正确思路

2017年以来，我国信用债违约事件频发，信用债风险管理成为金融市场的关注重点。目前，我国境内交易所并未上市信用类衍生品，虽然在银行间市场存在信用违约互换（CDS）[①]等场外衍生品，但是这些产品的流动性较差，很难被机构大规模使用。虽然管理信用债的信用风险较为困难，但将国债期货用作利率风险管理的工具，不仅可以对冲国债、政策性金融债等利率债的风险，也可以管理信用债的利率风险，因此，在信用债市场出现大幅波动时，很多市场机构尝试使用国债期货对信用债进行风险管理。在实际使用国债期货执行信用债对冲策略时，不同期限国债期货的选择以及套保比例的计算方式都影响最终的风险管理结果。一些套保比例确定方法虽然理论上可行，甚至可以通过历史数据回测，但在实际操作时效果不佳。

一、国债期货对冲信用债利率风险的基本方法

信用债同时面临信用风险和利率风险，理论上，国债期货可以对冲其中的利率风险部分。在使用国债期货进行风险对冲的具体操作过程中，交易者需要对国债期货品种以及套保比例的计算方法进行选取，这些选择将显著影响最终的对冲效果。

---

① 2010年以来，我国银行间市场相继推出过信用风险缓释合约（CRMA）、信用风险缓释凭证（CRMW）、信用违约互换（CDS）和信用联结票据（CLN）等信用衍生品。

(一) 选择进行风险对冲的国债期货品种

对信用债进行风险管理可以选择单一国债期货，比如仅使用 5 年期国债期货，也可以同时使用多个期限的国债期货，比如使用 2 年期、5 年期和 10 年期国债期货组成的组合进行对冲。不同期限的选择之所以会影响风险管理效果，是因为收益率曲线不仅会发生平移，还会发生倾斜和扭曲。如果国债收益率曲线仅发生平移，比如曲线上所有期限的收益率都上移 10 个基点，那么不同期限的国债期货的选择，对风险管理效果的影响较小，在满足了久期匹配的前提下，仅使用 5 年期国债期货和仅使用 10 年期国债期货进行对冲的效果几乎一致。但如果收益率曲线的形状发生变化，那么则应该谨慎选择进行对冲的国债期货的期限。假如曲线变得更为扁平——5 年期收益率下移 5 个基点，而 10 年期收益率下移 10 个基点，长期国债期货的变化幅度将大于短期国债期货，不同期限国债期货对现货损益的对冲金额因此不同。

(二) 计算套保比例

在仅对冲利率风险，不考虑信用风险和不同风险类型之间的相关性的前提下，对冲比例的计算采用基点价值（PVBP）的方法，即使信用债组合的基点价值和国债期货的基点价值之和为零，因此有公式（2-1）：

$$空头期货合约数量 = \frac{信用债组合的 PVBP}{国债期货的 PVBP} \qquad 公式（2-1）$$

其中：

$$国债期货的 PVBP = \frac{最便宜可交割券（CTD）的 PVBP}{CTD 的转换因子}$$

除了直接使用上述公式计算出的对冲比例，实际操作中，业界经常使用收益率 Beta 对公式（2-1）计算得到的对冲比例进行调整，收益率 Beta 的定义如公式（2-2）：

$$信用债到期收益率 = \alpha + \beta \times 国债到期收益率 + \varepsilon \qquad 公式（2-2）$$

收益率 Beta 可以通过回归方式得到，计算得到 Beta 之后，新的对冲比例计算公式如公式（2-3）：

$$经\ Beta\ 调整后的空头期货合约数量 = \beta \times \frac{信用债组合的\ PVBP}{国债期货的\ PVBP}$$

公式（2-3）

通过该方法确定的对冲比例，在一定程度上考虑了信用债的信用风险部分，其基本假设是信用风险和利率风险之间存在较为稳定的相关关系。

二、国债期货对冲信用债风险示例

（一）信用债样本选择和对冲比例计算

为排除突发违约事件造成信用债价格突变的影响，本书选用 AAA 级信用债作为展示信用债对冲效果的样本。不同的发债主体因其行业和经营的特殊情况存在特定风险，因此，在分析国债期货对冲效果时，构造由不同行业的信用债组成的债券组合，以消除特定风险对信用债收益的影响。通过行业筛选后得到的信用债研究样本见表2-6。

表2-6　　　　　　　　　信用债样本

序号	样本		样本持仓（按面值）（万元）
1	1580261.IB	15 云能源债	1000
2	1680120.IB	16 朝国资债	1000
3	1680208.IB	16 京汽绿色债01	1000
4	1680064.IB	16 穗金控债	1000
5	1580232.IB	15 津地铁债	1000
6	1680199.IB	16 广州港债01	1000
7	1580202.IB	15 京科技城债	1000
8	1680261.IB	16 萧县建投债	1000
9	1680069.IB	16 闽投02	1000
10	1680225.IB	16 晋煤债01	1000

资料来源：Wind。

为了比较不同期限国债期货和不同对冲比例计算方法对风险管理效果的影响，本书使用三种对冲策略：第一，仅使用 5 年期国债期货对冲信用债组合，并每日根据基点价值中性原则对期货合约数量进行调整；第二，同时使用 10 年期国债期货和 5 年期国债期货对冲信用债组合，并每日根据基点价值中性原则对期货合约数量进行调整；第三，仅使用 5 年期国债，但是通过收益率 Beta 对对冲比例进行调整，收益率 Beta 数值通过回归方式获得，每日根据市场情况变化对收益率 Beta 进行动态管理。

（二）国债期货对冲信用债的效果

在 2016 年 6 月 28 日建立信用债持仓组合，图 2-7 和表 2-7 显示了不进行对冲和采用不同对冲策略的信用债持仓组合的损益随时间变动的情况。

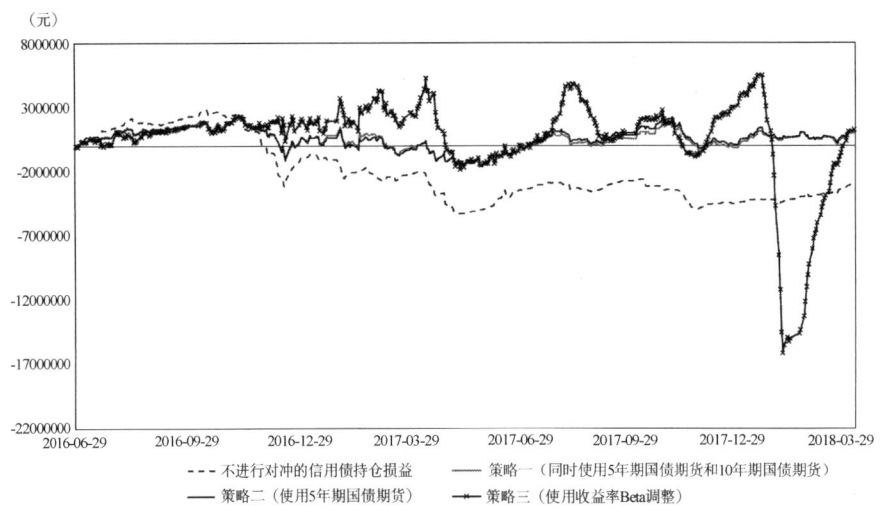

图 2-7　不同对冲策略下信用债持仓组合损益

资料来源：Wind。

表 2-7　　　不同对冲策略下信用债持仓组合损益分布　　　单位：元

指标	不进行对冲的信用债组合损益	策略一（同时使用5年期和10年期国债期货）	策略二（使用5年期国债期货）	策略三（使用Beta系数调整）
损益平均值	-2084129	467271	527517	673520
损益标准差	2378882	809802	813667	3249319
标准差降低幅度	—	-65.96%	-65.80%	36.59%

资料来源：Wind。

图 2-7 中黑线虚线表示不进行对冲的持仓损益，该持仓组合从 2016 年 11 月开始出现亏损，至 2018 年 3 月，持仓亏损情况不断加剧。图 2-7 中灰色实线表示同时使用 10 年期国债期货和 5 年期国债期货进行对冲后的持仓损益，黑色实线表示仅使用 5 年期国债期货进行对冲的信用债持仓损益。不论是同时采用两个期限的国债期货还是仅使用单一期限的国债期货，相较于没有进行对冲的信用债持仓组合，对冲后的信用债持仓组合的平均损失明显降低，损益的波动也明显降低。不进行对冲的情况下，持仓日均损益约为 -200 万元，而使用策略一进行风险管理的日均损益约为 47 万元，使用策略二进行风险管理的日均损益约为 53 万元。

概括而言，从持仓组合 2016 年 6 月—2018 年 3 月的风险管理效果上看，第一，使用多个期限国债期货组合的风险管理策略的损益标准差最小，其次是使用单一期限国债期货的风险管理策略，损益标准差分别较不进行风险对冲的信用债组合降低了 65.96% 和 65.80%；第二，使用收益率 Beta 对对冲比例进行调整的策略的风险管理效果最差，虽然持仓的平均收益最高，但损益的标准差也最高，较不对冲升高了 36.59%，即持仓组合的波动最高，甚至高于不进行风险管理的信用债持仓，并没有起到控制风险的效果，反而增加了风险。

（三）风险管理结果分析

前文展示了不同对冲策略导致的不同损益结果，但比结果更重要的是理解产生该结果的原因。

1. 收益率曲线的倾斜影响风险管理效果

如前所述,如果国债收益率曲线仅发生平移,那么使用单一期限的国债期货和使用多个期限的国债期货组合进行风险管理的效果差异不大,但是现实中国债收益率曲线不会仅平移,发生形变的情况非常普遍。本例中,国债收益率曲线在风险管理期间内发生了形状改变,因此使用多个期限的国债期货组合进行风险管理的效果更好。对比2016年6月28日(持仓组合建立日)和2017年3月31日的国债收益率曲线形状(见图2-8),可以发现国债收益率曲线的变化并非单纯的平移,而是变得更为扁平。信用债组合中包含剩余期限不同的信用债,因此信用债组合对各个期限的收益率的变化都较为敏感,同时使用5年期国债期货和10年期国债期货进行风险管理的效果更好。

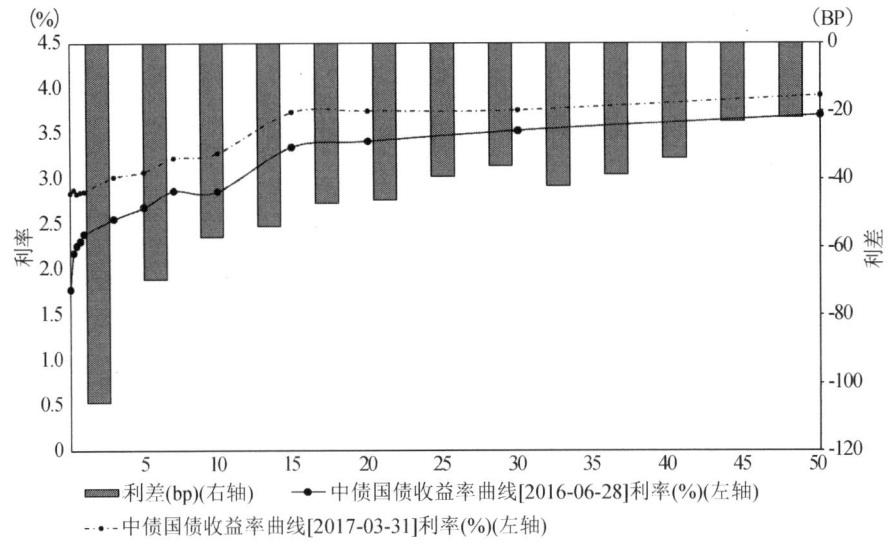

图2-8 国债收益率曲线变化

资料来源:Wind。

2. 信用利差和国债收益率缺乏稳定相关性导致Beta调整策略失败

使用Beta调整国债期货的对冲比例是实务中的常见做法,但是该方法如果使用错误，反而会加剧损失。图2-9显示了"收益率Beta调整对冲比例的策略"的持仓损益以及"信用利差和国债收益率相关性[①]"。Beta调整策略的对冲效果不佳和5年期信用利差与5年期国债收益率呈负相关的时期基本重叠，这种现象并非巧合。由于信用利差和国债收益率之间不存在长期稳定的相关关系，使用收益率Beta确定对冲比例就存在错误。

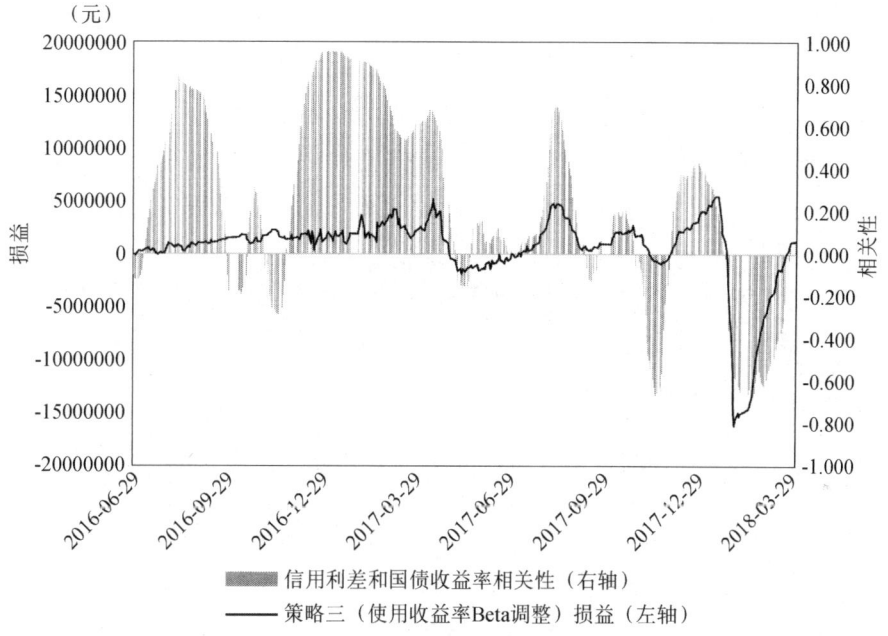

图2-9　5年期信用利差和5年期国债收益率的相关性以及策略三的损益
资料来源：Wind。

在收益率Beta调整对冲策略中，用来计算对冲比例的Beta数值通过回归方法获得，使用回归方法确定Beta的理论基础是，国债到期收益率和信用债到期收益率都是平稳的（Stationary）或者是协整的

---

① 信用利差计算使用中债企业债到期收益率（AAA）和中债5年期国债到期收益率，国债收益率使用中债5年期国债收益率。

(Cointegrated)。如果不满足上述条件，国债到期收益率和信用债到期收益率之间的回归可能导致谬误回归，计算得到的 Beta 无统计学意义。图 2-10 显示了 5 年期国债到期收益率和 5 年期 AAA 级企业债到期收益率的变化。

图 2-10　5 年期国债和 AAA 企业债到期收益率变化（2006 年 3 月—2018 年 3 月）

资料来源：Wind。

以 2016—2018 年的收益率变化为例，企业债和国债收益率的时间序列显然有很强的趋势性变化，并不具备平稳性。对 2016—2018 年的国债到期收益率和企业债到期收益率进行 Augmented Dickey-Fuller 单位根检验（简称 ADF 检验），两个时间序列的 ADF 检验的 P 值分别为 0.7554 和 0.6893，在 10% 的显著性水平下，不能拒绝两个时间序列有单位根的假设，说明两个时间序列都是非平稳的。在不满足平稳假设的情况下，如果两个序列存在协整关系，则依然可以进行回归分析。使用 Johansen 检验的方法判断两个收益率的时间序列之间是否存在协整关系，使用迹检验（Trace Test）和特征值检验（Max-Eigenvalue Test）进行检验，检验结果均显示，在 5% 的显著性水平下，两个时间序列无协整关系。

两个收益率的时间序列既不平稳，也不存在协整关系，因此，国债到期收益率和信用债到期收益率之间的回归可能为谬误回归，计算对冲比例时，不能使用回归得到收益率 Beta。国债收益率和信用债收益率之所以没有协整关系，主要是因为信用利差和无风险收益率之间无稳定经济学关系。

图 2-11 显示了 2006—2018 年 5 年期信用利差和 5 年期国债收益率相关性的变化，图 2-11 显示二者的相关性并不稳定。经典的 Merton 信用债定价模型[①]中假设信用利差和国债收益率呈现负相关，其理论基础是安全避险（Flight-to-Quality）理论。但安全避险理论只可以解释信用利差和国债收益率短期的负相关，即在市场方向不确定时，机构会投资无风险的国债期货，使国债收益率下降，信用利差升高。但对于长期的负相关并无直观的经济学解释，因此不论实证还是经济学理论，使用收益率 Beta 对对冲比例进行调整的方法都缺乏可靠性。

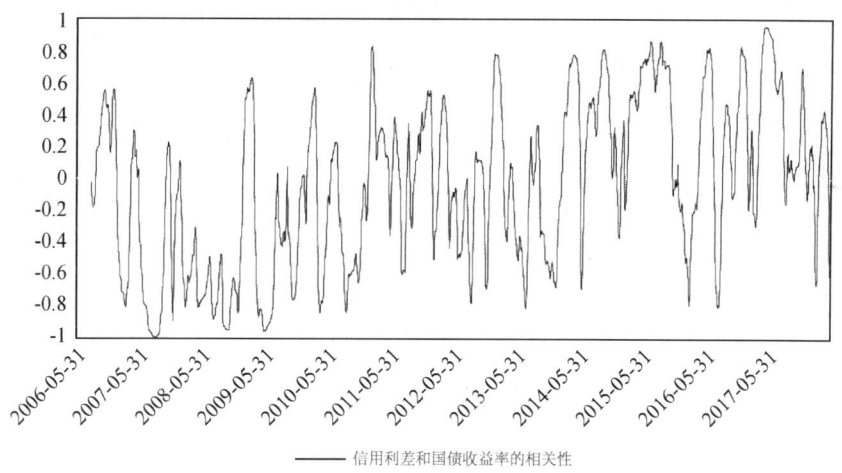

—— 信用利差和国债收益率的相关性

图 2-11　5 年期国债和 AAA 企业债到期收益率相关性变化
（2006 年 3 月—2018 年 3 月）

资料来源：Wind。

---

① Robert C. Merton, 1974. On the Pricing of Corporate Debt: The Risk Structure of Interest Rates. Journal of Finance, American Finance Association, vol. 29 (2), pages 449-470.

三、使用国债期货管理信用债风险的注意事项

在缺乏高流动性且标准化的信用风险管理工具时,信用债投资者可以使用国债期货对信用债进行风险管理,相较不进行任何利率风险管理,使用国债期货进行风险对冲可以降低信用债持仓组合的每日损益波动。但使用国债期货对信用债进行风险管理需要注意以下事项:

第一,需要关注收益率曲线的形状变化,合理选择国债期货品种。由于收益率曲线的形状会发生变化,使用多个期限的国债期货组成的组合进行对冲的效果优于使用单一期限的国债期货。当使用的国债期货的期限和对冲的现货期限不同时,基点价值中性风险管理的基本假设是收益率曲线会发生平移,比如使用5年期国债期货对冲7年期信用债的背后假设是:7年期收益率会发生和5年期收益率等幅的变化,但实际中收益率曲线的变化包括平移、倾斜和扭曲,因此,当需要进行风险管理的信用债组合包含多个期限的信用债时,同时使用多个期限的国债期货进行风险管理的效果更好。

第二,在信用利差和国债收益率缺乏稳定关系的背景下,使用回归方法计算收益率 Beta 值可能导致风险管理失败。使用收益率 Beta 调整对冲比例虽然是实务中常见的做法,但是该方法需要谨慎使用。为了避免对冲比例计算错误,在应用回归方法确定收益率 Beta 前,应该先进行收益率时间序列的协整性检验,如果信用债收益率和国债收益率缺乏协整关系,建议使用经验法则确定收益率 Beta 的数值,或者将收益率 Beta 设为1。

第四节　金融衍生品市场操纵的典型手段

市场监管者、交易所和金融机构的合规部门都会格外关注市场操纵风险，市场操纵不仅会扭曲市场价格，造成市场失效，损害其他合规参与市场的投资者的利益，还会使金融机构面临来自监管机构的巨额罚款。因此，熟悉市场操纵手段对于监管者和市场参与者都非常重要，常见的市场操纵手段包括逼仓（Cornering and Squeezing）、自买自卖（Wash Trading）、操纵金融基准（Benchmark Distortion）和幌骗（Spoofing）等。近年来，随着交易所加强持仓限额管理以及全球金融基准改革，逼仓和操纵金融基准这两种传统的市场操纵手段已经较为少见，而随着算法交易和高频交易技术的兴起，利用技术手段进行自买自卖和幌骗的案例逐渐增多。以美国国债期货市场为例，2019 年，CME 集团共处罚了三起涉及国债期货的市场操纵行为，其中两起是进行国债期货自买自卖交易，一起是利用幌骗手段干扰市场价格。

一、传统市场操纵手段

（一）交割逼仓

交割逼仓是实物交割期货品种面临的最传统的市场操纵手段之一。典型的交割逼仓行为表现为市场操纵者持有期货多头合约，并同时持有大量可交割商品或者金融资产。市场操纵者通过限制可交割现货的供给而获利。交割逼仓将推升现货价格和期货价格，强迫期货空头高价购入可交割现货进行交割或是高价平仓期货合约。

典型案例是 2001 年第一季度欧洲期货交易所（Eurex）德国中期国债期货合约（Bobl）的交割逼仓[①]。2001 年第一季度，部分欧洲银行囤积了大量德国中期国债期货 2001 年 3 月合约的最便宜可交割券（Cheapest-to-Deliver，简称 CTD），造成该期货合约空头的严重亏损。这并非欧洲期货交易所首次遭遇国债期货逼仓，1998 年 9 月以及 1999 年 6 月，欧洲期货交易所的长期德国国债期货合约（Bund Futures）也发生过逼仓。

2001 年第一季度的欧洲期货交易所国债期货逼仓之所以会出现，和当时的德国国债现货市场有关。2001 年 2 月，德国中期国债期货的 CTD 为 2005 年 10 月到期的收益率为 6.5% 的德国国债。2001 年 2 月 22 日，欧洲期货交易所德国中期国债期货合约的持仓规模已达 56.5 万手，名义金额高达 570 亿欧元，是 CTD 规模的 5 倍以上，约为所有可交割国债规模总和的 1.5 倍。"次最便宜可交割券"为 2006 年 1 月到期的收益为 6% 的德国国债，但该只国债的交割成本远高于 CTD，使用该只"次便宜可交割国债"进行交割在经济上不适宜。

于是，部分银行看到了逼仓机会，在 2001 年 2 月就购入了大量的 CTD。因此，当期货空头准备将 3 月合约平仓时，发现 3 月合约的价格出现显著上升——国债期货的隐含到期收益率在最后交易日前 2 周下降了 30 个基点，而到了最后交易日 2001 年 3 月 8 日，在市场持仓量最大日建立头寸的空头交易者如果在当日平仓，其到期收益率的损失将达到 17 个基点。

此次逼仓事件发生的另一个原因是，当时欧洲期货交易所并没有对单个市场参与者设置持仓限额，并且交割失败的惩罚金过高。其实，当时实施逼仓的几家银行实际上并没有违反交易所的规则，因此也没有受

[①] Miles Gregory – Costello, 9 April 2001. Eurex clampdown on market squeeze. Financial News.

到惩罚。而期货空头为了避免支付高额的交割失败惩罚金,只能不计成本地平期货空头持仓。为了避免逼仓的再次发生,欧洲期货交易所在2001年6月引入了持仓限额制度,并且降低了交割失败惩罚金。

另一个较为知名的逼仓案例是发生在1998年第一季度伦敦国际金融期货交易所(London International Financial Futures and Options Exchange,简称 LIFFE)[①]的英国长期国债期货逼仓[②]。1998年2月,LIFFE 上市的1998年3月交割的英国长期国债期货出现了逼仓,当时该国债期货合约的 CTD 是2008年到期的收益率为9%的英国国债。受到逼仓的影响,该只 CTD 的价格猛增。最终,为了解决逼仓,英国央行(Bank of England)于1998年2月16日发布公告,宣布从1998年2月23日起,通过回购方式向有交割需求的国债做市商提供 CTD,回购利率为零。英国央行通过这种方式保证 CTD 的市场供给,将 CTD 的价格水平拉回至逼仓前市场水平。

典型的交割逼仓行为表现为市场操纵者持有期货多头合约和大量可交割资产,但即使市场操纵者不持有可交割资产,如果其知道市场上可交割资产供应不足,同样可以进行逼仓,因为此时市场操纵者知道期货空头无法筹措到足够的可交割资产进行交割,只能选择高价平仓期货合约。最近一次影响较大的此类逼仓是2022年3月伦敦金属交易所(London Metal Exchange,简称 LME)的镍期货逼仓事件。2022年3月8日,LME 镍期货价格在短短几小时里翻倍,暴涨至10万美元/吨以上,LME 不得不暂停镍期货交易,并宣布当日交易无效。当时市场普遍猜测我国的青山控股集团持有大量镍期货空头。青山控股集团主营不锈钢生产和镍矿提纯,镍矿是其重要的原材料,青山控股因此通过持有镍期货空头的方式进行风险管理。虽然是全球主要的镍资源拥有者之一,但

---

① 现已被洲际交易所集团收购,更名为 ICE 欧洲期货交易所。
② John J. Merrick, Jr., Narayan Y. Naik and Pradeep K. Yadav, 2005. Strategic trading behavior and price distortion in a manipulated market: anatomy of a squeeze. Journal of Financial Economics, Volume 77, Issue 1, Pages 171–218.

青山控股集团的主要产品是镍铁和高冰镍，而 LME 镍期货的可交割标的是镍板和镍豆，青山控股持有的镍现货无法直接用于 LME 镍期货交割。当市场上可交割镍现货供给充足时，青山控股集团可以通过现货置换解决逼空危机，但是时值俄乌冲突，作为镍的最大出口国的俄罗斯受英国政府制裁，所以全球镍供给受到影响。市场投机者认为青山控股集团无法筹集到足够的镍现货进行交割，因此建立了大量镍期货多头持仓进行逼空。

近年来，由于全球的交易所普遍引入了交割月持仓限额制度，并尽可能扩大可交割现货的范围，还针对一些产品采用期货空头举手交割制度①，实物交割的期货交割逼仓出现的概率在逐渐降低。但持仓限额并不能完全避免逼仓现象的发生，当期货市场的整体规模远大于现货市场时，即使每个参与者的持仓都不超出持仓限额，但实际的交割需求也可能会超过现货市场的供给。

（二）操纵定价基准

操纵定价基准也是传统的市场操纵手段之一，表现为市场操纵者通过一定手段影响期货合约定价基准。最著名的案件是 2010—2011 年发生的 LIBOR 操纵案②，该案件直接触发了全球基准利率改革。2010 年 5 月—2011 年 10 月，法国兴业银行（Société Générale）等多家 LIBOR 报价机构合谋拉低了美元 LIBOR 的报价。美元 LIBOR 价格是全球主要利率衍生品的定价基准，因此本次市场操纵行为对全球利率互换合约、利率期货合约等金融衍生品造成了巨大影响。

---

① 期货空头交割举手制度，是指由期货的空头发起交割申报，期货空头有权决定以何种现货进行交割，与其配对的期货多头必须接受空头提供的现货。比如实物交割的国债期货就普遍采用期货空头交割举手制度。

② U. S. Department of Justice，June 2018. Société Générale S. A. Agrees to Pay $860 Million in Criminal Penalties for Bribing Gaddafi-Era Libyan Officials and Manipulating LIBOR Rate. Press Release Number：18-722.

由于美元 LIBOR 是当时北美最大的利率期货——欧洲美元期货（Eurodollar Futures）的定价基准，因此本次 LIBOR 市场操纵案的影响较大，知名度也较高。但这并非 LIBOR 价格首次被人为操纵。早在 2006 年，法国兴业银行的伦敦和东京分公司就曾经合谋操纵过日元 LIBOR 的报价。

2013 年国际证监会组织（IOSCO）发布了《金融基准原则》，对基准利率的选择和计算制定了国际标准。经过近 10 年的全球基准利率改革，以 LIBOR 为代表的银行间市场报价利率（Interbank Offered Rate，简称 IBOR）已不再承担基准利率职责，新基准利率多为基于实际交易的隔夜回购利率。由于金融基准的管理标准在不断优化，操纵基准利率的成本和难度不断增加，降低了此类市场操纵行为发生的概率。

二、现阶段常见的市场操纵手段

（一）幌骗（Spoofing）

由于自动报撤单技术的不断升级，幌骗（Spoofing）成为近年来最为常见的市场操纵手段。幌骗行为可以以多种形式出现，其本质是通过虚假的交易或者下单行为，制造出虚假的市场供求，从而欺骗其他市场参与者。

2010 年，《美国商品交易法案（CEA）》进行了修订[①]，将幌骗列为了"破坏性交易行为（Disruptive Practices）"。2011 年 7 月 14 日，因为 CEA 的修改，美国商品期货交易委员会（CFTC）的规章（CFTC Regulation）也在市场操纵行为中增加了幌骗。我国法律也对幌骗行为进行了规定，《期货和衍生品法》第十二条列举了几种典型的操纵期货

---

① 详见《美国商品交易法案》4c（a）（5）（C）节。

市场手段，其中的"不以成交为目的，频繁或者大量申报并撤销申报"，就是针对幌骗行为的规定。法律的明确规定为监管机构和交易所监管幌骗行为提供了法律依据。

在美国市场，美国商品期货交易委员会和芝加哥商业交易所集团（CME Group）处罚过多个通过幌骗行为操纵市场的个人和机构。比如CME于2019年12月23日在官网发布了一条针对国债期货幌骗行为的处罚通知，针对投资顾问Andrew Stanley Lombara。该名交易者在2015年8月31日至2016年1月8日期间，在美国10年期国债期货的2015年12月合约和2016年3月合约上进行了幌骗交易。具体手段是，在中央订单簿的一侧发布大额订单，同时在中央订单簿的另一侧发布小额冰山订单（Iceberg Order）①。由于大额订单停留在订单簿上的时间较长，其他市场交易者观测到大额订单后，对于市场的交易需求产生了误判，跟随在同一侧下单，Lombara停留在订单簿另一侧的冰山订单借此机会和这些跟风投资者的订单成交②。

除了美国市场，其他市场也存在利用幌骗手段操纵市场的案件，如2017年发生的三菱日联摩根士丹利证券（Mitsubishi UFJ Morgan Stanley Securities Co., Ltd.）利用幌骗手段操纵大阪交易所10年期日本国债期货案件③。大阪交易所对三菱日联摩根士丹利证券作出了4000万日元的罚款决定，同时暂停其自营部门交易国债期货资格3个交易日（2018年10月9日—11日）。2018年1月29日，日本金融厅又对该机构处以2.1837亿日元的罚款。

三菱日联摩根士丹利证券是日本国债一级市场承销商，在一级市场上买入日本国债，再销售给其客户。为对冲利率风险，三菱日联摩根士

---

① 冰山订单是可以隐藏实际申报量的报单，我国证券和衍生品市场并不支持冰山订单，但境外部分市场可以使用冰山订单。
② CBOT, 2019. CBOT-15-0326-BC-ANDREW-LOMBARA. CME official website.
③ JPX, 20 September 2018. OSE and TSE Impose Disciplinary Action against Mitsubishi UFJ Morgan Stanley Securities Co., Ltd. JPX official website.

丹利证券的自营账户需要频繁交易国债期货。2017年8月25日，三菱日联摩根士丹利证券自营部门的交易员为了获得更优的成交价，在当日下午18：34—19：09的夜盘时段，利用自营交易账户，发布了大量交易日本10年期国债期货2017年9月合约的交易指令。由于该时段市场流动性较差，因此其幌骗行为得以成功，其具体做法为：

1. 通过发布幌骗买单以更高价格卖出国债期货

（1）交易员在最优买价至低于最优买价5个最小变动价位（Tick）的价格区间内发布了大量买单（共6253手），这些订单不是以成交为目的，而是为了幌骗其他交易者跟随发布高于当前最优市场价格的买单。

（2）交易员同时发布了卖单，最终这些卖单和其他市场参与者发布的买单成交（共成交177手）。

（3）交易员在几秒之后立刻撤下了其发布的买单。

2. 通过发布幌骗卖单以更低的价格买入国债期货

（1）交易员在最优卖价至高于最优卖价3个Tick的价格区间内发布了大量卖订（共1844手），这些订单同样不是以成交为目的，而是为了幌骗其他交易者跟随发布低于当前最优市场价格的卖单。

（2）该交易员同时发布了买单，最终这些买单和其他市场参与者发布的卖单成交（共成交158手）。

（3）交易员在几秒之后立刻撤下了其发布的卖单。

大阪交易所认为该交易员的幌骗交易行为构成了操纵市场，因此对三菱日联摩根士丹利证券进行了处罚。

（二）自买自卖

自买自卖（Wash Trade）其实是一种传统的市场操纵手段，其表现为交易者同时买入和卖出相同的金融产品，以达到虚增市场交易量、发布错误价格、误导市场的目的。由于自动化下单以及高频交易技术的发展,监管者需要谨慎区分哪些是正常的交易行为,哪些是以操纵市场为目的的自买自卖,识别自买自卖的难度上升,企图通过自买自卖来操纵市场的案件也因此增加了。

2019年CME集团发布的三件有关国债期货市场操纵的处罚通知中有两件是关于自买自卖的行为,可见,自买自卖这类市场操纵行为发生的频繁程度。2019年2月22日,CME集团官网发布了针对野村证券(Nomura Securities International, Inc.)的处罚通知,处罚其对芝加哥期货交易所(CBOT)上市的2年期国债期货2017年12月份合约进行自买自卖的违规行为[1]。2017年11月9日,野村证券进行了两笔期转现交易(Exchange for Physical),经调查得知,这两笔期转现交易并没有进行真正的现货交易,而且进行期转现交易的两个账户拥有相同的受益人。因此,野村证券的行为不仅构成了非善意期转现[2],同时构成了自买自卖。

三、现阶段金融衍生品市场操纵的特点

(一)市场操纵行为更加隐蔽

由于电子信息技术的发展,近期的市场操纵行为更加隐蔽,增加了监管机构、交易所和金融机构合规部门区分正常交易行为和市场操纵行为的难度。金融市场行情瞬息万变,市场参与者为了对冲风险和寻找套利机会,可能会频繁进行交易,如何将这些出于正常经济目的的交易行为和企图扭曲市场价格的市场操纵行为进行区分,是监管机构和合规部门面临的主要难点。因此,调查市场操纵行为的周期往往较长。从境外

---

[1] CBOT, 2019. CBOT – 18 – 0939 – BC – NOMURA – SECURITIES – INTERNATIONAL – INC – CME Group. CME website.

[2] 非善意期转现,是指不具有经济意义的期转现交易,关于期转现交易的说明详见本书"交易所的非竞争性交易方式"一节。

市场的经验可以看出,从监管机构发现市场操纵行为到最后做出处罚决定,处理周期普遍为两年至三年。

(二) 内控严格的大型机构也可能参与市场操纵

虽然金融机构严格的内控机制可以降低其参与市场操纵行为的概率,但是从市场操纵的主体上看,即使是内控机制较为健全的大型跨国金融机构也可能反复参与市场操纵,如法国兴业银行、野村证券、Morgan Stanley 等机构都曾参与市场操纵。因为这些大型金融机构的资金和技术手段都更为充足,所以其参与的市场操纵更难被查出来。

第五节 准确评估金融市场流动性

正确评价市场流动性水平对交易者和监管者都非常重要。对于交易者而言,流动性是其选择市场和制定交易策略的重要考虑要素,流动性因子是因子投资(Factor Investing)中的常用因子。对市场监管者来说,流动性是其评估市场情况的指标之一。但是流动性指标不止一个,比如衡量宏观流动性会使用交易量,衡量微观流动性会使用买卖价差和市场深度,当我们同时使用多个指标去评价市场流动性时,这些指标可能得出不一致的结果,一个指标显示流动性改善,而另一个指标显示流动性恶化的情况并不鲜见,此时应该如何选择指标?应该如何评价该指标反映的市场流动性情况呢?

一、流动性的衡量维度和评估指标

流动性①主要是指短时间内以较低成本进行大量交易而不对市场价格造成大幅影响的能力。从交易者的角度，通常在三个方面需要使用流动性指标：第一，在因子投资中，流动性因子是一个重要的因子，投资者会使用该因子选择投资标的或者评价投资收益来源；第二，很多投资策略只有在高流动性的市场才能够实现，比如高频交易者通常对市场流动性有一定要求，这类投资者在选择市场时，需要使用流动性指标评价市场流动性。第三，对交易成本较为敏感的投资者会评估市场流动性以了解买卖价差、交易滑点等隐性成本的大小。从市场监管者的角度看，评价流动性同样有两方面的作用：一是了解当前市场的风险情况，流动性低，通常意味着发生流动性风险的概率更高，流动性低还会导致市场价格的连续性较低，资产价格容易发生跳变，引起市场恐慌；二是帮助监管者寻找改善流动性的措施，或是在流动性改善措施落地实施后，通过流动性指标比较实施前后的流动性变化情况，评估实施效果。

（一）流动性衡量维度和指标

目前，比较被市场公认的衡量金融市场流动性的五个维度由 Sarr 和 Lybek② 提出。Sarr 和 Lybek 认为，评估金融市场的流动性时，可以从五个维度来衡量流动性：广度（Breadth）、深度（Depth）、即时性（Immediacy）、弹性（Resiliency）和紧度（Tightness）。即时性，指的是交易指令的执行速度，即时性取决于资产或者衍生品的供求关系，如果交易能够在短时间内完成，则表明市场具有很强的即时性，是流动性

---

① 流动性分为融资流动性和交易流动性，融资流动性主要是指能否快速获得所需资金，本节所指的流动性如果不特别说明，都是指交易流动性。

② Sarr Abdourahmane, Lybek Tonny, 2002. Measuring Liquidity in Financial Markets. IMF Working Paper No. 02/232.

很高的市场。弹性，是指价格多快可以恢复至交易前价格，价格恢复能力越强，流动性越高。紧度，是指市场成本的高低，以买卖价差来衡量，买卖价差越小，则市场紧度越高，市场流动性越好。即时性、弹性和紧度三个流动性衡量维度之间的差异较明确，比较好理解。深度和广度之间的差异较为细微，很多流动性研究者不对深度和广度进行区分，但是Sarr和Lybek认为两者是不同的概念。

深度，是指特定价格上可以成交的资产或衍生品合约手数，以每个价位上的报单数量来衡量。以股票市场作为例子：如果订单簿每个价位上均有较大报单，则交易者无论买进或是卖出股票都较容易成交，不会对市场价格形成较大冲击，这样市场流动性就较好。而从广度这个维度考察流动性时，则涉及订单在不同价位的报单数量。广度，是指在不会对价格产生影响的前提下的最大交易量。如果我们固定一个价格，该价格上报单越多，广度就越好。可以通过表2-8的例子理解市场深度和广度的细微差异。

表2-8 订单簿的广度和深度对比

买价（元）	市场A	市场B	市场C	市场D
	深度低广度小(手)	深度高广度小(手)	深度低广度大(手)	深度高广度大(手)
50	100	100	500	500
49	200	200	500	500
48		300		700
47		300		900
46		300		1500

市场C和D相较市场A和B的广度更大，因为大额订单（1000手）可以在价格影响较小的情况下成交。市场B和D相较市场A和C深度更深，因为即使价格低至46元，市场还存在交易意向。因此，如果固定订单规模，交易者在高深度的市场可以执行全部订单，但是需要接受较多的价格让步，而交易者在广度大的市场，其报单可能只能部分

执行，但是需要接受的价格让步较少。比如表 2-8 中市场 B 的深度较深但广度较小，1200 手订单可以通过拆分订单的方式，在不同价位上成交，但部分订单的成交价可能会低至 46 元。而对于市场深度低但广度大的市场 C，成交价最低也仅是低至 49 元，但是 1200 手中只有 1000 手可以成交，不能全部成交。Sarr 和 Lybek 认为市场深度可以补偿市场广度。

这五个流动性衡量维度不仅在学术上具有影响力，在实务中也被国际监管机构用作评估流动性的标准，被国际货币基金组织（IMF）和世界银行（World Bank）用于金融行业评估项目（Financial Sector Assessment Program，简称 FSAP）的评估。

（二）常见流动性评估指标及其局限性

1. 微观评估指标概述

在实际评估流动性情况时，流动性的 5 个不同维度需要分别使用不同的微观指标进行评估，同一个维度可能存在多个评估指标，比如买卖价差（Bid - Ask Spread）和隐含买卖价差（Implied Bid - Ask Spread）都可以作为从紧度这个维度评估市场流动性的指标。

（1）广度评估指标

广度可以通过"固定交易规模，评估执行该笔交易的成本"，以及"固定交易成本，评估可以成交的交易规模"这两种方式进行评估。成交价跳变幅度也可以作为广度评估指标。成交价跳变，是指相邻成交价格之差，成交价跳变幅度较低，说明大额订单对市场价格的改变较小，市场流动性较好。

（2）紧度评估指标

价差是最常见的紧度评估指标，最优买卖价差是市场最低卖价和最高买价之差，买卖价差越窄，表明交易者的交易成本越低。但由于最优买卖价差会受到最小变动价位（Tick）的限制，即当最优买卖价差下降到 Tick 值之后，就不能继续缩小了，因此 Roll[①] 提出了隐含买卖价差的概念。隐含买卖价差的最大优点是不会受到 Tick 值的限制。Roll 通过对资产价格变动路径的分析，给出了市场隐含买卖价差的估计方法，认为隐含买卖价差可以利用资产价格一阶差分的协方差得到，具体如公式（2-4）：

$$\text{隐含买卖价差} = 2 \times \sqrt{\max[0, -\text{cov}(\Delta P_t, \Delta P_{t+1})]} \quad \text{公式}(2-4)$$

其中，ΔP_t 是 t 时刻的价格变动。

但是，使用该公式计算隐含买卖价差需要满足两个条件：第一，市场是有效市场；第二，价格变动是稳态过程，至少应该在短期内是稳态的。在实务中，这是两个较强的假设。

（3）深度评估指标

市场深度是一定档位的价格上可以成交的合约数，市场深度越深，表明市场消化大额订单的能力越强。报单数量是常用的评估市场深度的流动性指标，包括最优买价（卖价）深度和可见买价（卖价）深度等。在实务中，即使是同一个市场，由于数据获取能力存在差异，不同市场参与者的可见买价（卖价）深度也经常不一样。比如，通常的行情软件可能只向一般投资者展示五档报单数量，但权限更高的投资者可能可以获取十档报单数量。

（4）弹性评估指标

最直观的弹性评估指标是计算大额订单导致市场价格发生变动后，市场价格回归均衡价格的速度。但是定义均衡价格是计算该指标面临的挑战。金融学界进行了一些尝试，比如 Kim 等人[②]基于 Beveridge–Nelson 分解法提出了使用市场价格的均值回归速度来衡量市场弹性的

[①] Richard Roll, 1984. A Simple Implicit Measure of the Effective Bid Ask Spread in an Efficient Market. Journal of Finance, Vol. XXXIX, No. 4, pp. 1127–1139.

[②] Jinyong Kim, Yongsik Kim, 2019. Transitory prices, resiliency, and the cross–section of stock returns. International Review of Financial Analysis, 63 (2019), pp. 243–256.

方法。

(5) 即时性评估指标

即时性的衡量方法是固定交易规模,评估执行该笔交易的速度。

上述的一些流动性微观评估指标在实务中很少被使用,主要是因为可实践性较弱,比如即时性维度使用的流动性指标在实际中很难操作。一些指标的计算负担较大,比如 Kim 等人提出的弹性指标。还有一些流动性指标的应用条件较为严格,比如 Roll 提出的隐含买卖价差指标。实务中,买卖价差、特定价位上的报单数量是最常用的微观流动性指标。

2. 宏观评估指标概述

除了直接衡量流动性的微观指标外,成交量、持仓量和单笔成交规模也常被用作评估流动性的宏观指标。一般而言,交易量和持仓量越大,说明市场流动性越好。单笔成交规模大,表明市场吸收大额订单的能力强,也代表市场有较高的流动性。宏观交易指标较易获得,但是交易量、持仓量和每笔成交规模也和市场波动情况以及市场信息有关,这些指标并不直接衡量流动性,需要和微观流动性指标结合使用。

3. 评估指标的局限性

长期来看,宏观指标和微观指标的评估结果具有一致性,但是在特定时期,也可能出现不一致的情况,比如可能出现市场交易量提高,但是买卖价差变大,并且特定价格档位上的报单量减少的情况。这种现象较常出现于市场处于压力状态的时期,因为交易量和市场波动有关,当市场出现大幅波动时,即使交易成本升高,市场参与者也可能会出于风险管理目的增加交易量。

宏观流动性指标更容易受到基本面信息的影响。与宏观指标相比,微观指标能够更为直接地衡量市场流动性,但微观流动性指标同样有其局限性。一是数据处理和计算负担较大,有些指标需要使用订单簿上的高频数据。二是指标的敏感性可能会受到合约设计的限制。比如股票市场和期货市场均设置了最小变动价位,买卖价差和成交价变化必须是最小变动价位的整数倍,因此,最小变动价位是买卖价差和成交价跳变的下限。当买卖价差和成交价变化受限于最小变动价位而不能自由变动时,很难通过买卖价差评估流动性变化情况。

二、在实务中应用的流动性指标

通过实际的市场数据,我们更容易理解常见流动性指标在应用时的局限性,并理解在实务中应该如何选取流动性指标。

(一) 应用微观流动性指标

在实务中,最容易获得的微观流动性指标是一档买卖深度和最优买卖价差[1]。但如前所述,最优买卖价差可能会受到最小变动价位的限制,因此不能减小到零,Tick 值是其价值下限,这在一定程度上降低了其评价流动性的能力。下面使用中国金融期货交易所(以下简称中金所)5 年期国债期货作为例子。在使用最优买卖价差指标评估该期货合约的流动性时(见图 2-12),出现了买卖价差受限的问题——5 年期国债期货主力合约[2]的最优买卖价差基本在 1 个 Tick(0.005 元)附近。样本期间(2019 年 1 月—2021 年 6 月),最优买卖价差的每日均值在 63% 的日期里维持在最小变动价位。

与受限于最小变动价位的买卖价差相比,一档买卖深度一般不会受到交易所规则的限制,因此更能准确表征市场流动性变化。同样,以中金所 5 年期国债期货作为例子,2020 年上半年,5 年期国债期货主力合约的一档市场深度下降,表明市场流动性受疫情影响而恶化。从 2020 年下半年开始,一档市场深度开始逐渐上升,说明市场流动性逐渐

---

[1] 最优买卖价差是一档买价和一档卖价之间的差值。
[2] 境内期货交易所的主力合约是指持仓量最大的合约。

改善。

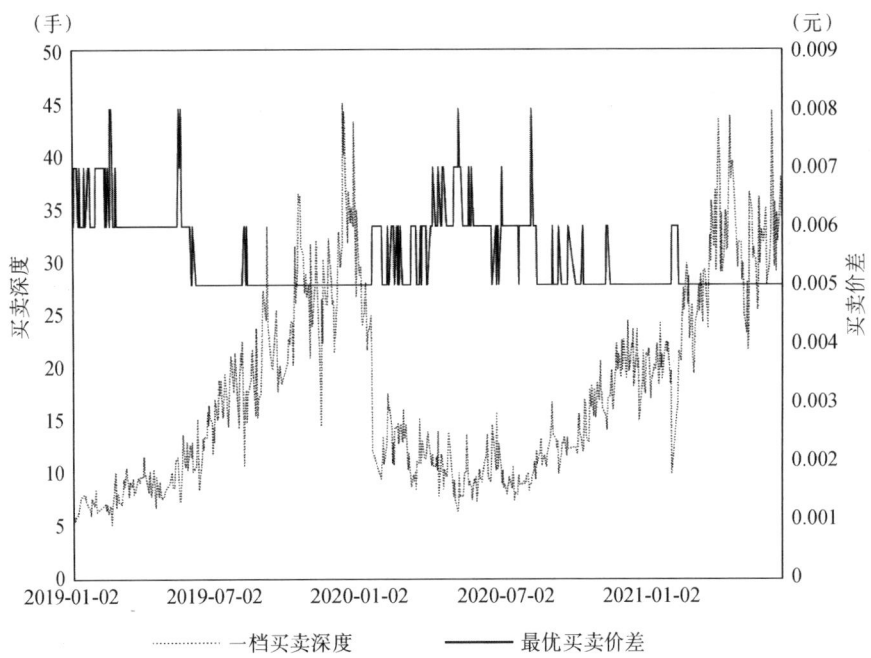

图 2-12　5 年期国债期货主力合约最优买卖价差和一档买卖深度
（2019 年 1 月 2 日—2021 年 6 月 30 日）

资料来源：Wind。

除了最优买卖价差和一档买卖深度，五档买卖深度也是较容易获取的微观流动性评估指标。但一般来说，一档和五档买卖深度指标的结论基本一致。如图 2-13 所示，5 年期国债期货的一档买卖深度和五档买卖深度的变化基本一致，两者之间的线性相关性为 0.69，两个指标之间有明显的替代性，因此，在评估市场流动性变化时，通常可以只计算一个指标。

在实务中，微观流动性指标通常具有一致性，使用不同的微观流动性指标进行评估可以获得相同的结论。但由于交易所规则的影响，微观流动性指标也可能给出不一致的结论。一个实例是 Tick 值过大可能导致买卖价差始终维持在 Tick 值，而其他可以自由变动的微观流动性指

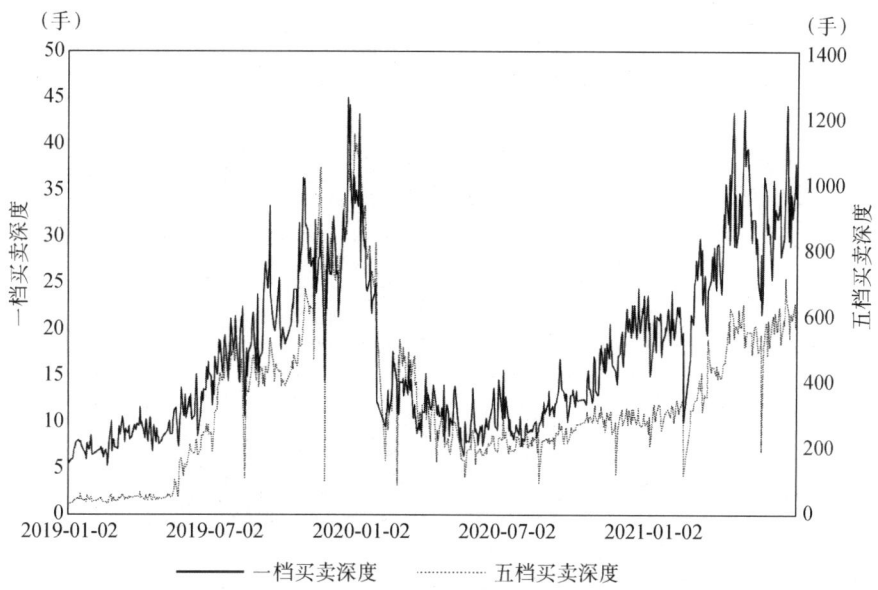

图 2-13　5 年期国债期货主力合约一档和五档买卖深度
(2019 年 1 月 2 日—2021 年 6 月 30 日)

资料来源：Wind。

标可能出现变化，此时买卖价差不再是合格的流动性评估指标。

（二）应用宏观流动性指标

交易量和持仓量等宏观流动性指标的数据可得性较高，一些交易者，甚至市场监管机构也习惯使用宏观流动性指标对市场流动性情况进行大致判断。但是宏观流动性指标应该谨慎使用，因为交易量上升有时并不意味着市场流动性的改善。实务中，使用不同的微观流动性指标得到的评估结果通常具有一致性，但是宏观流动性指标和微观流动性指标可能会得出不同的结论。如图 2-14 所示，分别以交易量（黑色实线）和一档买卖深度（灰色实线）评估中金所 5 年期国债期货在 2019 年至 2021 年 6 月期间的流动性，得到的评估结论并不完全一致。评估期间出现了三次结论相反的情况：一是 2020 年上半年，一档买卖深度指标显示流动性下降，但是交易量指标却显示流动性上升；二是 2021 年 2—4 月，一档买卖深度显示流动性提升，但是交易量指标却显示流动性下降；三是 2021 年 6 月，交易量指标显示流动性下降，但是一档买卖深度指标显示流动性上升。

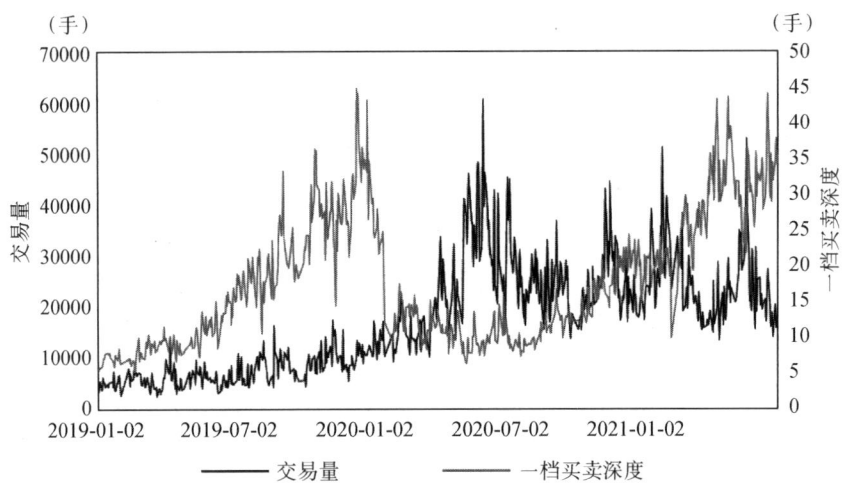

图 2-14 5 年期国债期货主力合约一档买卖深度和交易量变化（2019 年 1 月 2 日—2021 年 6 月 30 日）

资料来源：Wind。

这种评估结论的不一致并非偶然。常用的宏观流动性指标，比如交易量和持仓量指标实际上并不直接衡量流动性，且受到市场信息等多方面因素的影响，因此并不是准确的流动性衡量指标，需要谨慎使用。比如，2020 年上半年，5 年期国债期货一档买卖深度指标显示流动性下降，但是交易量指标却显示流动性上升，此时交易量作为流动性指标具有一定误导性，因为这段时间交易量的上升并非流动性的改善，而是受到宏观经济的影响。为了应对 2020 年初暴发的新冠疫情，央行采取了较为宽松的货币政策，债券市场在 2020 年上半年波动较大。受债券市场波动的影响，市场对国债期货的交易和对冲需求激增，导致国债期货交易量上升。概括而言，在微观流动性指标和宏观流动性指标的结果不一致时,应主要参考直接衡量流动性的微观流动性指标。

三、在实务中选取流动性指标需要考虑的因素

在学术研究上,研究者可以基于研究目的,设计精确的流动性指标,并从广度、深度、即时性、弹性、紧度这五个维度同时衡量市场流动性。但是在实务中,受限于数据的可得性以及计算的复杂程度,交易者和监管机构通常仅会使用2—3个常见的流动性指标。为了准确衡量流动性,在使用这些常见流动性指标时需要考虑以下因素:

一是相对于宏观流动性指标,微观流动性指标可更直接地显示市场流动性变化,参考意义更高。比如,以交易量作为流动性指标通常具有误导性,因为影响交易量的因素较多。虽然从长期来看,市场整体交易量的提升表明市场流动性出现改善,但是在较短的时间区间内,交易量还受其他因素的影响,不能直接衡量流动性,尤其是在高波动期间,交易量提升,而流动性可能出现恶化情况,此时以交易量作为参考指标就无法准确描述流动性变化。

二是不同的微观流动性指标的评估结果通常具有一致性,有一定的替代性,但是依然要考虑交易规则对某些指标可靠性的影响,不能过度依赖一个微观流动性指标。在实务中,当市场流动性发生变化时,几个流动性评估维度一般会同时出现变化,如果只是对市场流动性进行大致判断,交易者通常可以依靠一类指标,比如可以仅参考市场紧度指标,省略计算市场深度指标。但一些指标可能受限于交易所规则,而不能自由变动,比如描述市场紧度的买卖价差受限于最小变动价位不能进一步缩窄时,其指示流动性变化的能力减弱,此时则需要同时参考其他流动性指标。

第六节　中央银行交易衍生品的原因

分析各国中央银行的资产负债表，可以发现央行通常会持有大量本国或者外国政府债券。央行持有本国国债主要出于实施货币政策的目的，尤其是实施量化宽松的中央银行，比如美联储和日本央行都曾经通过大量购买本国长期国债的方式来拉低国债收益率曲线长端的收益率。但随着金融市场的快速发展，目前越来越多的中央银行将公开市场操作工具扩展到衍生品领域。国际货币基金组织（IMF）的数据显示，2016年，有12个国家及地区的中央银行主动报告其持有衍生品头寸。美国商品期货交易委员会（CFTC）的研究报告[①]表明，有31个国家及地区的央行在2003—2011年活跃于美国利率期货市场。如同央行购买债券的行为一样，央行参与利率和外汇衍生品交易并不是为了盈利，其作为货币政策的制定者，通过使用期货或互换来调节市场流动性和实现货币政策调控目标。

一、中央银行参与衍生品交易的目标

衍生品交易是商业银行的重要业务组成部分，被广泛用于银行风险管理与加强收益。作为货币政策制定者和宏观审慎监管主体的中央银行使用衍生品的目的则更为广泛。除了运用衍生品来加强外汇储备收益之外，越来越多的央行开始通过衍生品交易的方式为市场提供流动性，并

---

① Raymond P. H. Fishe, Michel A. Robe, Aaron D. Smith, 2014. Foreign Central Bank Activities in U.S. Futures Markets. Journal of Futures Markets, Vol. 36, pp. 3–29.

使用衍生品实施货币政策和外汇政策①。

(一) 为市场提供流动性

中央银行参与衍生品交易的一项重要目标是为市场提供流动性,具体包含两方面目的:

1. 促进现货市场的发展

部分国家的衍生品市场流动性不足,现货市场因缺乏风险管理和对冲工具而运行质量低下,因此央行通过参与衍生品交易来活跃市场、间接促进现货市场发展,降低期现两个市场的波动。

2. 释放现货市场压力

当市场面临来自单向预期的巨大压力时,央行在衍生品市场进行干预将是释放市场压力的有效途径。以外汇市场为例,一般情况下,商业银行等金融机构可以较容易地在衍生品市场上找到交易对手,但当市场的期望变得一致,即绝大部分交易者都认为汇率会向特定方向变动时,将很难执行对冲交易。而银行等外汇长期持有者为了管理风险,只能开展合成对冲,即通过外汇即期现金流合成出对冲所需的现金流。但是对于央行而言,这样的现货合成对冲方式可能会影响即期汇率和本币利率。例如,当外汇市场出现巨大本币贬值压力时,央行期望减少本币的卖压,但交易者在合成对冲交易中需要卖空本币,利用卖空所得来购买外汇,这与央行的政策初衷背道而驰。因此,在这种情况下,央行将会通过参与衍生品市场的方式承接对冲需求,以避免对冲压力向现货市场溢出。

(二) 维护汇率稳定

维护汇率稳定是央行使用衍生品的另一重要目标,实现该目的的过

---

① Liliana B. Schumacher, Mario I. Bléjer, 2000. Central Banks Use of Derivatives and Other Contingent Liabilities: Analytical Issues and Policy Implications. IMF Working Paper No. 2000/066.

程中，最常被使用的产品是外汇远期及期权。相对于直接在外汇市场进行操作，通过衍生品进行市场调控有两个明显的优点：第一，使用外汇衍生品不需要立刻动用外汇储备；第二，使用外汇衍生品不会对货币供给造成影响。在这点上，使用外汇衍生品作为政策工具类似于冲销干预[①]。外汇衍生品作为央行政策工具的用途体现在如下方面：

一是，使用衍生品维持汇率稳定有助于缓解稳定汇率和稳定金融系统之间的冲突。市场对货币贬值的期望加剧，会引发资本外流突增。而银行是资本外流的重要媒介，外汇市场不断加剧的压力将给银行带来流动性风险。随着本币贬值预期升高，国内利率水平升高，银行的流动性压力将进一步增加。央行作为金融体系的最后贷款人，会向银行提供流动性贷款助其渡过难关。但央行的难题是，很难区分银行贷款请求是出于真正的流动性问题，还是希望为其外汇对冲或投机交易获取资金。后一种情况下，央行的直接资金救助反而可能会进一步加剧外汇现货的市场压力。因此，央行更倾向于直接与商业银行开展外汇互换等衍生品交易，在不对外汇市场造成压力的情况下，为市场参与者提供额外的避险渠道。

二是，外汇衍生品可作为外汇市场的自动稳定器。以外汇期权为例，如果央行卖出基于央行外汇储备货币（如欧元或美元）的平价看跌期权，该期权可以作为市场的稳定装置：当资本流入增加且外币贬值时，看跌期权的买方将行权并支付储备货币给央行，央行在低价吸纳储备货币的同时，避免了在现货市场进行公开市场操作带来的负面影响；反之亦然。

三是，外汇衍生品可作为管理本币流动性的工具，典型的例子是央行使用外汇掉期（FX Swap）。当国家出现财政盈余或者债务规模较低时，央行以逆回购方式为市场提供流动性的成本较高[②]。在这种情况

[①] 冲销干预，是指中央银行在进行外汇买卖的同时，又通过公开市场操作对国内市场进行反向操作，达到本币供应量不变的目的。

[②] 当债务规模较低时，货币市场利率也较低，央行在通过本币逆回购向市场提供流动性时，也必须采用较低的逆回购利率，因此其成本较高。

下,央行可以使用外汇掉期,因为外汇掉期本质上就是对外币的"逆回购"。通过外汇掉期,央行可以在不改变外汇储备的情况下,为市场提供短期流动性。

二、中央银行的衍生品交易情况及特征

虽然多家央行都参与了衍生品交易,但央行很少披露其衍生品交易细节。美国商品期货交易委员会(CFTC)和国际货币基金组织(IMF)都曾公布央行衍生品交易的统计数据,从其公布的数据中,可以了解到央行参与衍生品市场的部分信息。

(一)CFTC 和 IMF 统计数据的对比

2014 年,CFTC 使用其拥有的非公开数据统计了 2003—2011 年参与美国利率期货市场的境外央行的交易情况。数据显示,共有 31 家境外央行在美国利率期货市场达到了 CFTC 的大户持仓报告标准。实际参与美国衍生品交易的境外央行可能更多,一些央行可能参与了场外衍生品交易,或其场内利率期货持仓量没有达到大户报告标准,又或是通过国家主权基金参与衍生品交易。但对比 IMF 公开数据,在 2011 年,只有 11 家央行报告其资产负债表中包含衍生品工具,与 CFTC 的统计结果存在较大出入。

这种差异是由 CFTC 和 IMF 的统计口径和报告口径不同造成的。CFTC 统计包括所有达到美国利率期货大户持仓报告门槛的境外央行,资料来源于受监管的期货经纪商每日报送数据。IMF 对央行参与衍生品交易的统计来源于各国央行的主动报告,并且 IMF 统计不对场外和场内衍生品以及衍生品的类型进行区分,数据统计央行资产负债表上各类衍生品总规模。IMF 的统计范围更广,理论上 IMF 统计的央行参与规模应该高于 CFTC,而事实恰恰相反,表明大部分央行并不愿意公开其参

与衍生品交易。

(二) IMF 口径下各国央行的衍生品交易情况

IMF 数据库根据各国(地区)央行的上报,统计了各国(地区)央行资产负债表中的金融衍生品规模。2000—2016 年,越来越多的央行主动向 IMF 报告其参与衍生品交易的数据,报告持有衍生品头寸的央行数目由 2001 年的 3 家上升到 2016 年的 12 家(如图 2-15 所示)。从参与衍生品交易的央行的地区分布上来看,南美地区的央行更热衷于衍生品交易,2016 年,乌拉圭、秘鲁、哥伦比亚和巴西的央行都报告参与了衍生品交易。这点并不令人意外,因为通过衍生品进行外汇调控的成本较低,南美地区的多家央行都将外汇衍生品作为外汇政策工具。英国和美国两个金融发达市场的央行分别从 2005 年和 2009 年开始向 IMF 报告其使用衍生品的情况,中国人民银行未向 IMF 上报衍生品的持仓情况,但我国香港地区承担央行角色的香港金融管理局(以下简称香港金管局)在 2010—2015 年都报告参与金融衍生品交易。

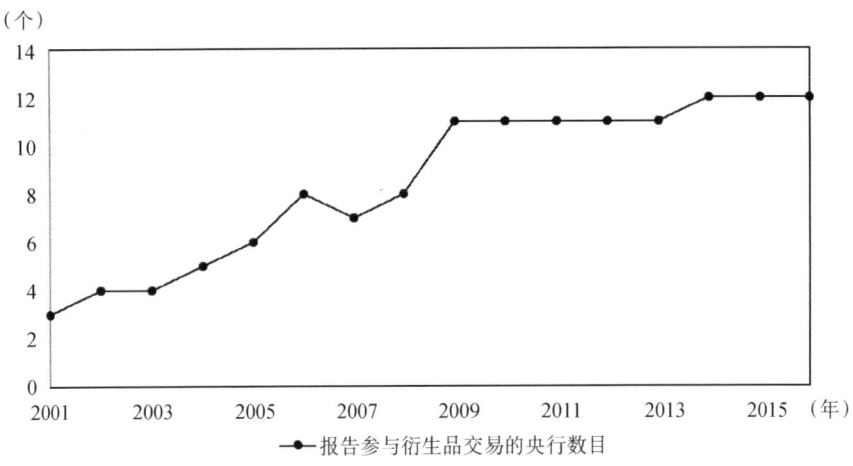

图 2-15　主动向 IMF 报告衍生品头寸的央行数量

资料来源:IMF 官网数据库。

向 IMF 报告参与衍生品交易的央行数目呈现上升趋势包含两重原因，一是随着衍生品市场的发展，更多的央行使用衍生品作为政策工具或收益增强工具；二是随着公众对衍生品作用的认识水平提升，越来越多的央行愿意公布其衍生品交易行为。

而从央行参与的衍生品规模来看，各家央行披露的衍生品持仓价值与风险敞口并不高。2016 年末，向 IMF 报告其参与衍生品交易的央行中，美联储持有的衍生品价值最高，资产负债表资产端的衍生品价值约为 48 亿美元，其次是澳大利亚央行，资产负债表资产端的衍生品价值约为 20 亿澳元。

（三）各国央行参与美国利率期货市场的情况

CFTC 对境外央行参与衍生品交易的统计来自其大户持仓报告数据。大户持仓报告数据涵盖了美国利率期货市场 85% 的持仓量，该数据属于 CFTC 的非公开市场数据，因此 CFTC 只公布了统计数据，并未公布每家央行的持仓数据。CFTC 发布的研究报告统计了 2003 年 6 月至 2011 年 12 月的央行日终持仓数据。

表 2-9　　　　2003 年 6 月—2011 年 12 月央行参与美国期货
市场日终持仓统计*

日终持仓		欧洲美元期货	2 年期国债期货	5 年期国债期货	10 年期国债期货
日终持仓量均值	期货多头（手）	6851	2573	2962	3049
	期货空头（手）	4366	4769	2629	2755
	占市场总持仓比例（%）	0.40	0.70	1.10	0.70
日终持仓量中位数	期货多头（手）	3725	2452	2000	2313
	期货空头（手）	2498	1626	1450	2125
	占市场总持仓比例（%）	0.25	0.49	0.77	0.39

* 仅含达到大户报告门槛的美国以外的国家（地区）的中央银行。

资料来源：作者根据 CFTC 报告整理。

境外央行参与美国利率衍生品市场有三个特征：一是大部分央行不参与期权交易，只参与期货交易。大部分的期货持仓集中于四个利率期货品种：欧洲美元期货（17家央行）、2年期国债期货（23家央行）、5年期国债期货（22家央行）和10年期国债期货（22家央行）。二是央行的持仓规模占市场总体规模并不高（平均低于市场总持仓量的1%）。说明境外央行对美国衍生品市场的影响相对有限，其参与衍生品的目的并非为了影响资产价格。三是大部分央行在美国期货市场的交易行为和其宣称的对冲风险的目的相符，但是与欧元有关的央行在2007—2009年全球金融危机时期的衍生品交易具有明显的方向性特征。

三、中央银行参与金融衍生品交易的实例

（一）央行间衍生品交易——我国央行的货币互换协议

各国家及地区央行间开展的货币互换协议是一种常用的货币调控工具，交易双方能够以一定数量的本币交换等值的对方货币，从而调节本币供应量及外汇储备规模，应对外汇流动性短缺或国际收支问题。国际市场央行间货币互换始于21世纪初，我国央行于2001年首次与泰国银行签署了金额为20亿美元的货币互换协议，随后同日本、韩国、印度尼西亚、马来西亚等国的央行签署了货币互换协议。2008年金融危机后，金融动荡使国际流动性支持的需求更为迫切，我国央行的货币互换对手方进一步扩大到欧洲央行、英国央行、俄罗斯央行、加拿大央行等非亚洲市场的央行。

央行使用货币互换的一项重要职能是向金融体系投放外汇流动性，具体方式包括将换入货币出借给商业银行，用以弥补其外币资产负债缺口，消除金融体系的不稳定性。2014年，我国首次使用中韩本币互换协议下的4亿韩元（约240万元人民币）资金支持企业贸易融资：中国

人民银行将韩元出借给交通银行来向企业发放融资贸易贷款,企业以此支付其从韩国进口的货物及服务。央行间货币互换协议已经成为补充我国金融体系流动性的重要工具。

(二) 央行与商业银行进行场外衍生品交易——巴西汇率调控

央行除了参与货币当局间的货币互换协议外,同样通过与商业银行的场外衍生品交易实现外汇政策目标。南美洲的多家央行都将外汇衍生品作为外汇市场公开市场操作的常规工具,其中的典型代表是巴西央行。巴西从1999年起采取浮动汇率制度,将盯住通胀作为主要货币政策目标。由于直接干预外汇市场的操作成本较高,货币互换(Currency Swap)和外汇掉期(FX Swap)是巴西央行常规的汇率干预工具[1]。如果巴西央行不使用外汇衍生品,而是选择直接干预外汇市场,那么为保持短期利率水平符合该时期内的通胀目标,巴西央行必须在本币市场开展额外操作。当雷亚尔币值过高时,央行在外汇市场投放本币并收入美元,这种操作虽然可保持汇率稳定,但同时改变了本币供求关系与外汇储备规模,为保持短期利率不变,需要再在本币市场开展正回购回笼本币。因此可以看出,直接干预外汇市场的成本明显高于使用外汇衍生品。

根据市场情况,巴西央行可能会进行不同方向的外汇衍生品交易。第一种情况是,当本币出现贬值预期时,商业银行将抛售本币并买入外币,致使本币加剧贬值。为稳定汇率,巴西央行将进行正向货币互换,即从商业银行处买入货币互换,巴西央行收取Selic利率[2],并支付美元兑雷亚尔汇率变动。若期末本币贬值,商业银行收到的币值收益将弥补支付外币的汇兑损失,外币需求减小,本币贬值压力得以缓解。第二种

---

[1] 详见巴西央行网站的 FX Swap Operations 栏目。
[2] Selic 利率是巴西银行间隔夜担保贷款利率,是巴西央行的政策利率之一。担保品是注册在 Special System of Clearance and Custody(缩写为 Selic)的巴西联邦政府债券,因此得名 Selic 利率。

情况是，当本币出现升值预期时，商业银行倾向买入本币并抛售外币，本币升值压力加剧。此时巴西央行向商业银行卖出货币互换，即进行反向货币互换，巴西央行支付 Selic 利率，并收取汇率变动，弥补商业银行因本币升值产生的损失，减少了本币需求增加引致的本币持续升值问题。巴西央行通过货币互换主动为市场机构承担汇率风险，平抑了汇率过度波动，减少了本外币的进一步跨境流动。

（三）央行参与场内衍生品市场——亚洲金融危机中的香港金管局

各地央行很少向外界公布其参与衍生品交易的细节，但在某些危机情形下，央行的公开市场操作和披露信息涉及期货交易，为我们提供了央行使用场内衍生品作为政策工具的生动案例。

1998 年，海外市场操纵者袭击香港金融市场。市场操纵者在大举抛售港币、拉低汇率的同时，开立了大量恒生指数期货空头持仓，意图通过港币贬值、利率上升导致恒指下跌而实现牟利。为粉碎操纵计划，香港金融管理局在危机期间介入期货市场，为稳定金融体系作出了贡献。

正式公开市场操作之前，香港金管局估测市场操纵者共持有约 8 万手恒指期货空头合约。为使操纵者巨亏、知难而退，香港金管局决定重仓拉升恒指权重股、维持股价，并买入恒指期货 8 月合约补偿现货操作成本。1998 年 8 月 13 日，香港金管局于收盘 20 分钟前买入 491 手恒指期货 8 月合约，占 8 月合约当日成交规模的 1.98%。其后，香港金管局在大量增加 8 月合约多头持仓的同时卖出 9 月合约，以拉高境外操纵者空头持仓的移仓成本，同时，为香港金管局所持股票提供了约五分之一的对冲仓位。到 1998 年 8 月 25 日，恒生指数在香港金管局期货和现货市场的公开操作下已自 8 月 14 日上涨了超过 18%，达到 7890.09 点，恒指期货 8 月合约价格上涨至 7955 点，9 月合约价格下跌至 7850 点，空头移仓成本达到合约价值的 1.33%。

香港金管局在 1998 年 8 月的公开市场操作涉及 36935 手恒指期货 8 月合约、1100 手恒指期权 8 月合约和 10176 手恒指期货 9 月合约。到当年 12 月为止，所有恒指衍生品合约已平仓出清，香港金管局这一轮在场内衍生品市场的公开市场操作的净收益达到 3.5 亿美元。

四、央行参与衍生品交易的市场影响

衍生品作为货币政策工具和外汇政策工具显现出交易成本低、执行便利等优势，已经在多个国家和地区被中央银行使用。但中央银行作为制定货币政策和外汇政策的国家机关，参与衍生品交易有一定的敏感性，通常会受到市场的关注，不论是衍生品市场的监管者还是一般的交易者都会关注本国央行和外国央行参与衍生品交易给本土衍生品市场带来的影响。

（一）关注央行参与衍生品交易的声誉风险

在参与衍生品市场的过程中，央行的特殊地位和职能导致其除了处理市场风险和流动性风险外，通常格外重视名誉风险。这是因为大部分公众依然认为衍生品交易是高风险投机行为，尽管这种看法可能并不合理，但是公众对央行采取的政策工具确实非常敏感。香港金管局曾考虑使用外汇期权作为常态化的金融政策工具，但研究后最终放弃了这一计划。香港金管局认为，尽管外汇期权理论上可作为稳定汇率市场的有效辅助工具，不违反有关规定，具有可操作性，但是可能会带来声誉风险：市场舆论会质疑其参与高风险交易的行为，并怀疑其缺乏通过现货管理汇率及外汇储备的能力。各个国家及地区的央行很少披露衍生品交易类型与规模也与此有关。

（二）央行交易衍生品时的特殊市场影响

央行是衍生品市场的一类特殊参与者。首先，央行掌握一般市场参与者无法获得的政策及市场信息；其次，央行的资金储备明显多于一般市场参与者。特别在信息透明、成交分散的场内衍生品市场上，央行参与者的交易行为将更加突出。虽然美国期货市场的经验显示，央行在参与期货市场时无意影响价格，成交占比很小，但是因为其资金体量较大，仍然存在冲击市场的可能性。因此，衍生品市场的监管者在监管央行这类特殊投资者时应注意：第一，需要对中央银行等政策性机关参与衍生品交易进行额外识别，持续关注其交易行为，及时提示风险；第二，中央银行参与的衍生品市场必须具备充足的流动性和多样化的机构参与者，以消化其开展对冲及宏观调控的大额交易需求。

第三章

重新认识交易所

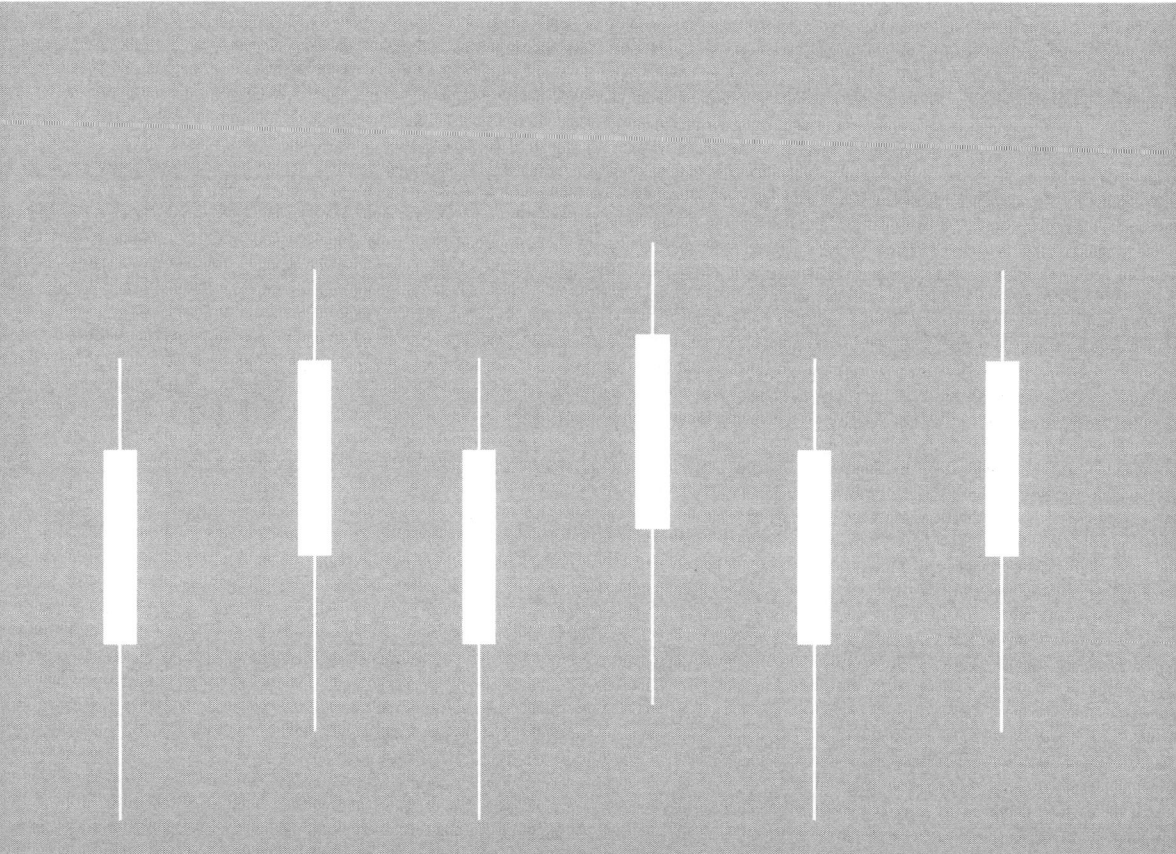

交易所是自律监管机构，身处市场参与者和监管者之间。交易所一方面是服务提供者，为市场提供交易场所，另一方面又制定一系列交易规则规范市场交易行为。由于交易所身份的二重性，各利益相关方对交易所的了解通常比较片面。本章从介绍交易所的业界生态开始，讨论了和交易所有关的法律问题。这些问题对大部分市场参与者来说是陌生的，但是了解这些可以帮助市场参与者更深入地认识交易所，理解交易所制定的交易规则，合理规划自己的交易行为。

第一节　交易所行业的收购和并购

对比 2000 年和 2022 年的全球交易所行业版图，2000 年的交易所生态圈更为分散且多样，而 2022 年的交易所行业几乎被洲际交易所集团（Intercontinental Exchange Group，简称 ICE）、芝加哥商业交易所集团（CME）和 NASDAQ 集团①等几家大型集团垄断。造成这种变化的源头正是交易所之间不断进行的收购和并购。20 世纪以来，收购和并购已经成为交易所行业的常态，更是很多交易所发展壮大的主要手段，ICE 通过不断的收购，从美国地方性的场外能源交易平台发展成为全球性的大型金融交易所集团。可以预见，收购和并购在未来一段时间还将持续作为交易所扩展业务和开发新市场的重要策略，并且中国和阿联酋等新兴市场的交易所很有可能逐渐成为收购市场的买方。

一、全球交易所收购和并购概述

2016 年，伦敦证券交易所集团（London Stock Exchange Group，简称 LSEG）与德意志交易所集团（Deutsche Boerse）宣布了两家集团的合并计划，合并后产生的商业体将是全球最大的交易所集团。虽然该计划在 2017 年因未获得欧盟批准而最终搁置②，但数据显示，收购和并购是交易所行业近年来发生的普遍现象：在交易所行业，2000—2015 年

---

① NASDAQ 集团经历过两次更名，2008 年美国 NASDAQ 和瑞典 OMX AB 合并后更名为 NAS-DAQ OMX，2015 年集团进行品牌重塑，又更名为 NASDAQ 集团。本书统一称其为 NASDAQ 集团。
② 2017 年 3 月 29 日，欧盟宣布不批准伦敦证券交易所集团和德意志交易所集团合并计划，理由是该合并交易将造成部分金融服务的"事实垄断"。

全球共发生了超过 400 起收购和并购事件[①]，其中包括金额超过 94 亿美元的 CME 集团收购纽约商业交易所（New York Mercantile Exchange，简称 NYMEX）交易，也有 NASDAQ 集团收购 Nord Pool 这种收购金额仅为 1700 万美元的小型收购交易。交易所行业收购和并购交易的规模分布差异较大，但总体来说大额交易较少，91.9% 的收购和并购的交易金额小于 20 亿美元，59.0% 的收购小于 1 亿美元，21.1% 的收购在 1 亿美元至 5 亿美元之间，但交易的平均金额高达 10 亿美元[②]。

图 3-1 显示了 2000—2015 年发生的交易所收购和并购交易的笔数和规模。交易所的收购和并购交易发生的频率和金融市场的经济周期紧密相关：在 2007—2008 年金融危机发生之前的市场创新发展期，交易所集团收入增多，因此其扩张和发展需求增加，收购和并购交易明显增多，2007 年交易规模达到高峰，共有 50 笔收购和并购交易[③]，金融危机发生之后的 3 年，交易所收购的步伐明显放慢，2011 年之后，收购和并购交易的数量呈现平稳趋势。

大型收购和并购交易常因涉及垄断而面临更大的法律阻碍，比如德意志交易所集团 2004 年和 2016 年两次尝试收购伦敦证券交易所集团（LSEG），但均告失败。2012 年计划收购 NYSE Euronext 交易所集团同样因可能造成市场垄断而被欧盟委员会驳回。虽然大型收购失败案例会被反复提及，但实际上交易所收购和并购交易的达成率非常高，2000—2015 年的 408 个收购和并购样本中，达成率高达 92%，仅有 22 笔并购和收购交易以失败告终。

---

① 本书使用 Zephyr 收购和并购数据库提供的 408 笔交易作为研究样本。样本选择要求收购方或并购发起方的主营业务为证券、衍生品或商品交易所运营，样本中除了金融现货和衍生品交易所外，还包括大宗商品现货交易所。

② 本书使用的 408 起收购和并购样本中，仅有 161 笔交易公布了收购金额，收购和并购总金额和平均金额统计仅涉及这 161 笔交易。

③ 大型收购通常涉及漫长的谈判，因此 2007 年宣布的收购交易的实际发起时间早于其对外宣布时间。

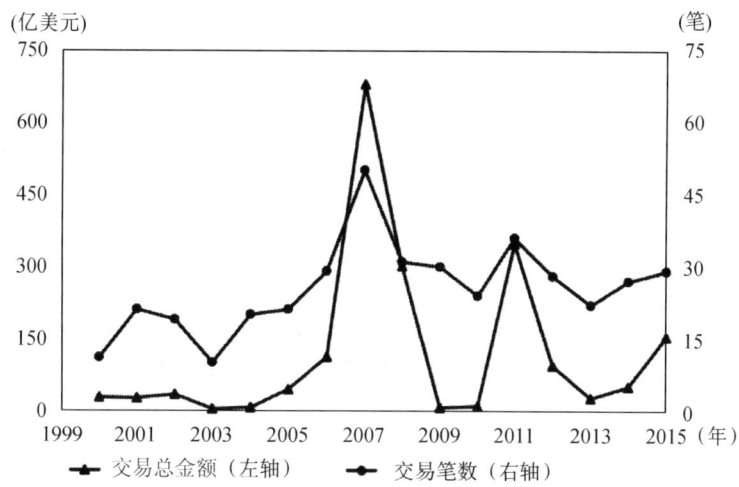

图 3-1　全球收购和并购规模变化趋势（2000—2015 年）

资料来源：Zephyr 收购和并购数据库。

收购和并购经常被一同提及，但如图 3-2（B）所示，在交易所行业，收购交易的占比远高于并购，374 笔成功的收购和并购交易样本中，并购交易仅有 14 笔，占比 3.7%。在公布了支付方式的收购和并购交易中，支付现金的交易占比为 57%，高于换股等其他支付方式。可以从目标公司的类型和融资方式上对现金支付占比较高进行解释：第一，大部分目标企业都是小型非上市公司，这部分公司的股东更倾向于获得现金。第二，私募股权投资公司（Private Equity）在交易所行业收购和并购中非常活跃。私募股权投资公司作为交易中的资金提供方，其主要目的是使用少量资金换取优质股权资产，因此大量利用融资收购（Leverage Buyout，简称 LBO）的方式进行收购。在私募股权投资公司参与的收购中，现金收购占比显著高于使用股权进行收购。

二、交易所收购和并购的地理特征

交易所收购和并购呈现三个地理特征：第一，交易所偏好收购本土

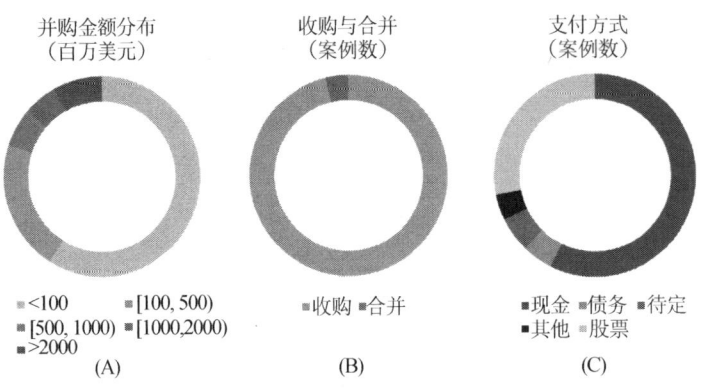

图3-2 收购和并购交易规模分布和分类统计

资料来源:Zephyr收购和并购数据库。

企业,但跨境交易占比也相对显著;第二,美国的交易所依然是收购市场的主要买方;第三,收购目标主要集中于美国和欧洲等成熟发达金融市场。

(一) 交易所的跨境收购和并购

交易所更倾向于收购和并购本国企业,但是跨境收购和并购在总体交易中也维持较高的比例。如图3-3所示,从数量看,跨境交易数目虽然低于境内交易,但跨境交易总体呈上升趋势,占比也在逐渐提升。从成交金额看,2000—2007年跨境交易的平均金额明显大于境内交易,而2008—2015年,境内交易的平均金额超过了跨境交易。说明交易所开始将收购方向转向了小型境外企业。一般而言,跨境收购和并购的难度高于收购和并购本土企业。第一,跨境收购和并购涉及跨境监管;第二,交易达成之后的运营管理可能面临文化差异和语言差异,这些问题都增加了跨境收购和并购交易的难度,因此可以理解为什么跨境交易的占比较低。

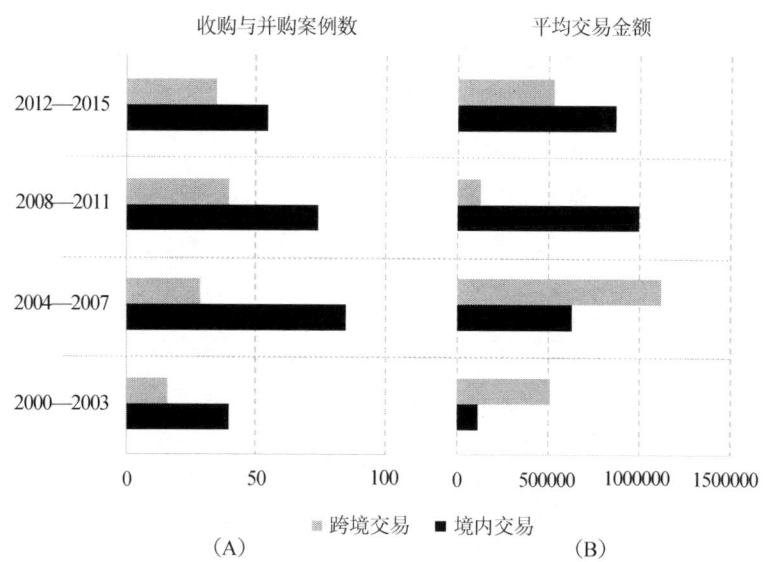

图3-3 境内与跨境收购和并购交易规模比较

资料来源:Zephyr收购和并购数据库。

表3-1以矩阵形式表现了跨境收购和并购交易的数目。可以看出,欧洲和英国的交易所最常进行跨境交易,德国、瑞典和英国的交易所参与的收购和并购交易中,跨境交易占比分别为75%、53%、45%,而日本、俄罗斯等国的交易所则几乎不进行跨境收购和并购。美国的交易所收购和并购交易中的跨境交易占比也相对较低,仅为22%。

表3-1　　　　跨境交易笔数矩阵(2000—2015年)

收购方	目标企业								
	澳大利亚	加拿大	德国	日本	俄罗斯	瑞典	英国	美国	其他
澳大利亚	6							1	2
加拿大	1	9						3	
德国			5			1	1	4	9
日本				19					
俄罗斯					20				2
瑞典	1	1				7	2		8

续表

收购方	目标企业								
	澳大利亚	加拿大	德国	日本	俄罗斯	瑞典	英国	美国	其他
英国		1					12	3	6
美国	1	4		2		3	7	92	12
其他	4	2	3			1	6		113

资料来源：Zephyr 收购和并购数据库。

日本、俄罗斯等国的交易所之所以不热衷于跨境收购和并购，主要和其以本国市场为主的业务发展策略有关。而欧洲等国的交易所热衷于进行跨境收购和并购，可能的原因是欧洲的交易所都在积极扩展境外市场，并且也将收购交易所作为进入新市场的手段。

（二）收购方的地理特征

北美的交易所最热衷于进行收购和并购。全球 2000—2015 年完成的 374 笔有交易所参与的并购和收购交易中，美国的交易所以收购方身份参与的共有 121 笔，占比高达 32%，每笔交易的平均金额也最高，高达 13.6 亿美元。紧随其后的是英国和俄罗斯的交易所，但是其达成的收购和并购交易笔数远低于其美国同行（见表 3-2）。

表 3-2　　　　　　　　收购方与目标企业的地理分布

地区	收购方		目标企业	
	交易笔数（笔）	平均金额（千美元）	交易笔数（笔）	平均金额（千美元）
美国	121	1360981	103	1524304
英国	22	471112	28	226251
俄罗斯	22	156570	20	156570
德国	20	804157	8	343362
日本	19	428952	21	428952
瑞典	19	64892	12	1319716
加拿大	13	177318	17	191895
澳大利亚	9	301092	13	298602
其他	129	547425	152	525418

资料来源：Zephyr 收购和并购数据库。

从收购和并购交易笔数在不同年份的分布上来看，各国交易所的收购和并购交易并没有呈现明显的变化趋势，即没有出现某国的交易所参与的收购和并购交易在逐年增加的现象，美国的交易所始终是收购和并购交易的主要参与者。

（三）收购目标的地理特征

金融成熟市场的企业依然是收购的主要目标，374 笔收购和并购交易中，27% 的收购目标为美国企业。这和美国企业大量进行本土收购有关，但对于跨境收购而言，美国、英国等金融发达市场的企业也依然是主要目标，2000—2015 年共有 87 个成功达成的跨境收购交易，涉及 45 个国家和地区，目标企业基本集中于发达成熟市场：目标是英国企业的交易占全部跨境交易的 18%，其次是美国企业，占比 12%。

虽然近年来新兴市场正在崛起，全球其他领域的收购有向这些市场转移的趋势，但对于交易所行业，收购和并购交易并没有向这些国家转移。一方面可能是因为成熟金融市场的法规相对健全，收购和并购的法律风险较低，但更重要的是这些金融成熟市场的企业一般有着成熟的技术或产品，更符合收购方的收购需求。所以，英国企业备受收购方青睐很容易理解，伦敦是全球主要的金融中心之一，并且在脱欧之前，英国作为欧盟成员国可以不受限制地向其他欧盟国家提供金融服务，并使用欧盟货币结算系统进行结算。在英国脱欧之前，收购英国企业长久以来都是其他国家金融机构进入欧盟金融市场的最优选择。

三、交易所收购和并购的策略特征

（一）目标企业类型

交易所的收购策略和其收购企业的业务类型紧密相关。交易所收购的企业五花八门——从和其业务直接相关的交易所、清算所到和其主营业务无关的基建公司和食品公司。但不论按金额还是按照交易笔数进行比较，水平收购在交易所收购和并购交易中占比最大，即最常见的收购目标是其他证券或衍生品交易所。

2000—2015年的374笔并购和收购交易样本中，154笔是收购交易所或清算所，交易数目占比41%，交易金额占比更高，达到75%；其次是数据处理或软件开发商，交易数目占比14%。除此之外，交易所常见的收购目标还包括经纪商，交易数目占比13%。典型的案例是NASDAQ集团2013年收购货币经纪公司BGC。以保险、储蓄机构、投资咨询机构以及信息供应商为目标的收购交易占比也较高。

一个趋势性的现象是数据处理和软件开发商收购占比显著上升，而信息供应商收购比例锐减，如图3-4（A）所示，2004—2007年，收购数据处理和软件开发商交易的交易数目比例仅为8%，而2012—2015年，该比例上升为21%。导致这种变化趋势的主要原因是近年来高频交易和算法交易对金融市场的影响加大，交易系统的效率和安全性已经成为交易所重要的竞争力。而收购信息供应商的交易锐减，主要是因为收购数据供应商的行为不具有可持续性：首先，数据供应商行业规模有限；其次，交易所收购信息供应商是为了获得市场数据或者是为开展市场数据销售业务提供便利，进行一次收购已经可以满足需求，没有必要不断地收购新的数据供应商。

而从交易规模角度分析，如图3-4（B）所示，收购交易所的平均金额在缩小，而数据处理和软件开发商的平均收购金额出现大幅上升。2004—2007年，以其他交易所为收购目标的交易的平均金额为13.5亿美元，而2012—2015年降为9亿美元；2004—2007年收购数据处理和软件开发商的平均交易金额仅为1.6亿美元，但2012—2015年交易的平均金额却攀升至18.1亿美元。这表明交易所开始将技术投资作为投资重点，因此，针对技术企业的收购投入大幅增加。

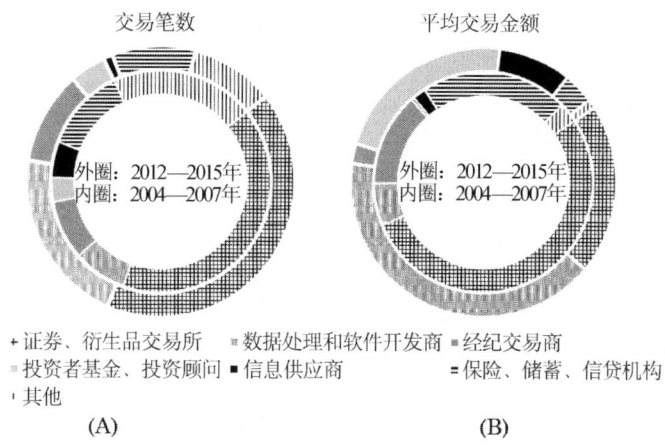

图3-4 并购交易目标企业的行业分布

资料来源：Zephyr 收购和并购数据库。

（二）收购策略类型

麦肯锡咨询根据其实际经验总结了五种成功的收购策略，包括：提高目标企业业绩；消除行业的过量产能；加速目标企业产品进入市场；以低成本获得技术或者能力；购入有潜力的公司。除以上五种策略之外，麦肯锡咨询还总结了其他四种较为常见但成功概率较低的收购策略，具体包括：整合碎片化的行业；整合提高竞争行为；企业转型；低价收购价值被低估的企业。

按照上述分类方式，结合交易所收购的企业类型对交易所采用的收购策略进行分析，可以发现交易所对交易所的收购一般是为了以低成本获得产品或能力，比如2012年ICE收购了纽约期货交易所（New York Board of Trade，简称NYBOT）[①]。此次收购不仅将ICE的产品线由单纯的商品衍生品扩展到金融衍生品，还使ICE具备了清算衍生品的技术能力。最终ICE的清算所ICE Clear于2008年投入运营，ICE不必再依赖

---

① 后更名为ICE Futures U. S.。

伦敦清算所（London Clearing House，简称 LCH）为其清算。ICE 认为直接收购具有清算技术的 NYBOT 的成本低于自主建设清算所的成本。德意志交易所于 2002 年收购了卢森堡的世达国际结算系统（Cedel International），并将更名为 Clearstream。通过该笔交易，德意志交易所将业务线扩展到了证券存托管业务。

同时采用两种策略的收购交易也较为常见，比如香港交易所集团于 2012 年收购了伦敦金属交易所（London Metal Exchange，简称 LME）一方面帮助 LME 扩展了其在亚洲市场的业务，也帮助港交所集团将其产品范围扩展到金属衍生品。

四、收购和并购的参与者及其财务特征

（一）投资银行在交易所收购和并购中的作用

交易所的收购和并购与一般商业实体的收购和并购无本质区别，同样需要专业的投资银行或者咨询公司估算收购金额、设计详细交易执行方案以及为交易提供融资服务（见表 3-3）。

表 3-3　2000—2015 年投资银行参与交易所收购和并购交易排名

排名	投资银行名称	参与交易数量	总部所在地	平均交易金额（万美元）
1	J. P. Morgan	22	美国	521628.1
2	Morgan Stanley	19	美国	454743.9
3	Goldman Sachs Group Inc.	17	美国	392483.3
4	Lazard	16	百慕大群岛	546731.4
5	Financial Technology Partners LP	15	美国	115960.3
6	Credit Suisse	14	瑞士	604220.9
7	UBS	12	瑞士	321071.5
8	Lehman Brothers	9	美国	636624.4
9	Lenner & Partners Corporate Finance	9	瑞典	133429.3

续表

排名	投资银行名称	参与交易数量	总部所在地	平均交易金额（万美元）
10	Deutsche Bank AG	8	德国	249494.1
11	Citigroup Inc.	8	美国	179251.3
12	Rothschild & Co.	7	法国	442181.0
13	Merrill Lynch	7	美国	288552.3
14	Barclays	7	英国	198799.2
15	SEB	7	瑞典	271645.6
16	Bank of America Corporation	6	美国	343208.8
17	Société Générale	6	法国	661898.2
18	HSBC Bank	6	英国	333704.5
19	Greenhill & Company LLC	6	美国	138115.8
20	Schroder Salomon Smith Barney	6	英国	99120.0

资料来源：Zephyr 收购和并购数据库。

本书研究的 374 笔收购和并购交易样本中，305 笔交易明确有投资银行或者咨询公司的参与，占比高达 82%。表 3-3 按照参与交易所收购和并购交易的数量对投资银行进行了排名。J. P. Morgan、Morgan Stanley、Goldman Sachs、Lazard[①] 四家知名投资银行在 2000—2015 年的交易所收购和并购交易中最为活跃，参与交易的数量占比分别为 7.2%、6.2%、5.6%、5.2%。由于一部分的收购目标是软件供应商等科技企业，因此如 FT Partners[②] 类专注于金融技术产业的投资银行也是主要的咨询服务提供者。

在地理特征方面，美国的投资银行是交易所收购和并购咨询业务中的主要参与者，但是由于瑞典等国的交易所集团也积极进行收购和并购，这些交易所集团一般使用本国的投资银行，比如 OMX 集团参与的收购和并购交易使用 Lenner & Partners Corporate Finance 作为咨询顾问，

---

① Lazard Ltd 是一家注册地在百慕大群岛，运营总部设在纽约的投资银行，主要经营公司财务和资产管理业务。

② FT Partners 是一家专注于金融技术产业的美国投资银行。

因此 SEB 和 Lenner & Partners Corporate Finance 两家瑞典银行的业务占比也较高。

另一个比较明显的现象是，对于金额较大的收购和并购交易，交易所更倾向于使用全能型投资银行，比如 LSEG 收购伦敦清算所（LCH）就使用了 Morgan Stanley 作为咨询顾问。但对于收购特定领域的专业公司，比如收购软件供应商等，收购方则倾向于使用专业型的投资银行，比如 Financial Technology。这主要是因为大型的收购和并购涉及的股权结构以及支付方式都相对复杂，涉及的金额也较大，需要银行提供融资等服务，因此全能型投资银行在大型收购方面更具优势。

（二）最热衷于进行收购和并购的机构

2000—2015 年，NASDAQ 集团和 ICE 集团是全球交易所集团中最热衷于进行收购和并购交易的两家交易所集团，参与的交易数量都高达 41 笔，其中最知名的交易案例包括 2007 年 NASDAQ 集团收购瑞典 OMX 集团，以及 2013 年 ICE 集团收购 NYSE Euronext 集团。NASDAQ 集团和 ICE 集团是典型的通过收购和并购的方式扩张业务领域和市场份额的交易所集团。ICE 以运营场外能源交易平台起步，于 2001 年收购国际石油交易所（International Petroleum Exchange，简称 IPE）正式开展了场内能源期货交易业务，2007 年收购纽约期货交易所（NYBOT）和 Winnipeg Commodity Exchange，2010 年又收购了气候交易所，将产品范围扩大到碳排放权合约等气候衍生品。2012 年，德意志交易所集团收购 NYSE Euronext 的计划被欧盟委员会驳回，ICE 借此机会于 2013 年收购了 NYSE Euronext。2014 年，ICE 又收购了新加坡商业交易所，将其业务范围扩展到了亚洲。

在参与跨境收购方面，德意志交易所集团和 NASDAQ 集团的跨境收购占比最高，表 3-4 显示了收购交易数目排名前十的交易所参与跨境收购和并购交易的占比。德意志交易所集团和 NASDAQ 集团参与的收购和并购交易中,跨境交易的占比分别高达80%和56%。相对而言,CME集团和莫斯科交易所集团(MOEX)的跨境收购比例较低,分别为13%和15%,而日本交易所集团(JPX)则是从未进行过跨境收购和并购。值得一提的是,我国的交易所近年来也开始尝试进行跨境收购,2016年12月,中国金融期货交易所、上海证券交易所、深圳证券交易所联合收购了巴基斯坦证券交易所30%的股权。

表3-4　　　　　　　　　交易所参与收购和并购排名

排名	名称	所在地	交易笔数（笔）	跨境收购笔数（笔）	跨境收购占比（%）
1	洲际交易所集团（ICE）①	美国	41	13	32
2	NASDAQ集团②	美国	41	23	56
3	伦敦证券交易所集团（LSEG）③	英国	18	6	33
4	德意志交易所集团（Deutsche Börse）④	德国	15	12	80
5	莫斯科交易所集团（MOEX）	俄罗斯	13	2	15
6	日本交易所集团（JPX）⑤	日本	11	0	0
7	多伦多-蒙特利尔交易所集团（TMX）⑥	加拿大	11	4	36
8	新西兰交易所（NZX）	新西兰	10	4	40
9	芝加哥商业交易所集团（CME）	美国	8	1	13
10	澳大利亚证券交易所集团（ASX）	澳大利亚	4	2	50

资料来源:Zephyr收购和并购数据库。

---

① 包括ICE收购的LIFFE和NYSE等交易所参与的收购交易。
② 包括OMX和NASDAQ未合并之前的收购交易。
③ 包括LSEG收购的意大利交易所(Borsa Italiana)参与的收购交易。
④ 包括其收购的Eurex交易所参与的收购交易。
⑤ 包括大阪交易所和东京证券交易所的收购交易。
⑥ 包括未合并之前的多伦多证券交易所和蒙特利尔交易所各自参与的收购交易。

(三) 收购参与者的财务特征

下面以2000—2015年143个收购买方企业的资产规模数据作为研究样本讲述收购参与者的财务特征。收购前的一个财务年度，收购方样本的总资产平均值为61.9亿美元，而样本总资产的中位数仅为1.8亿美元，说明收购买方的规模相差悬殊，一半的收购买方的资产价值低于1.8亿美元，仅有小部分收购方为大型企业，这小部分大型企业拉高了收购方样本平均的总资产价值。也就是说，除了大型交易所经常参与收购和并购外，小型交易所在收购和并购市场上也十分活跃。

和收购买方的情形类似，收购目标企业的总资产规模也相差较大，99个目标企业样本中，样本被收购的前一个财务年度的总资产的平均值为87.8亿美元，而总资产的中位数仅为1600万美元。说明大部分的被收购企业都是小型企业，但是因为存在少数类似ICE集团收购NYSE Euronext集团这样的大型收购交易，NYSE Euronext这样的大型目标企业使样本总资产的平均值升高。收购方和目标企业的资产价值之比的平均值为381，而资产价值之比的中位数为10。说明大部分收购交易中的收购方规模都远大于目标企业。

五、全球交易所收购和并购趋势

未来交易所行业将继续使用收购和并购作为其扩展业务和开发新市场的重要策略。收购将依旧是市场主流，新兴市场的交易所将逐渐成为收购市场的买方。虽然在当前的交易所收购生态圈中，ICE集团和NASDAQ集团等欧美发达市场的交易所集团是主要的买家，但是随着新兴市场的逐渐崛起，中国和阿联酋等国的交易所可能会更多地参与跨境收购和并购。

虽然全球交易所收购市场可能会有更多新兴市场的交易所作为买方

参与收购交易,但是收购的目标将依旧是金融成熟市场具有稳定现金流的企业。这些企业所处的国家和地区的法律基础健全,收购带来的不确定因素少,并且投资更容易收回成本,实现盈利。

软件开发和数据处理公司将逐渐成为未来被收购的热点。虽然其他交易所和清算所依然是交易所当前主要的收购目标,但是随着技术的发展以及对数据的重视,具有系统开发和交易数据处理技术的公司将成为交易所未来收购的主要目标,这部分的交易占比将会进一步提高。

第二节 收购与交易所经济价值的创造

收购[1]已经成为交易所实现战略目标的重要手段,但收购能否给交易所的股东创造经济价值?分析资本市场对收购公告的反应以及收购方的财务指标,可以发现,收购方平均股价变动在收购公告前后跑赢市场,说明投资者预期公司价值提升。但各交易所收购绩效良莠不齐,收购不是"万能灵药"。从市场反应和财务指标等客观角度看,一些"著名"的收购交易并未取得良好效果,如 ICE 集团收购 NYSE Euronext,收购公告日后股价变动,跑输了市场,收购完成后,作为收购目标的 NYSE 的营收大幅下降,并且 ICE 集团在收购后一年内就将 Euronext 业务完全剥离。

---

[1] 本节讨论的"收购"还包括并购交易。

一、评估交易所收购案例的绩效

(一)收购绩效评估方法

最主流的收购绩效评估方法是事件分析法,具体有两种:一是考察收购事件前后资本市场的反应;二是考察收购事件前后财务指标的变化。除此之外,其他常见的方法还包括收购方管理层评价、收购方转卖购入资产情况等。鉴于交易所行业的收购事件集中在近二十多年内,许多交易所一年内开展多次收购,而财务指标以年度或季度为发布频率,因此,如果使用基于财务指标的事件分析法,可能会无法分辨某个具体收购事件给公司财务带来的影响。因此,本书在评价收购效果时,以资本市场反应指标为主,辅以财务指标分析和典型案例分析。

所谓资本市场对收购事件的反应,主要是指在收购消息公告前后,收购方股价的变动情况。如果资本市场的投资者认为收购交易能够增加收购方的公司价值,那么消息公布后就会出现股价上涨;反之,如果投资者并不看好该项收购交易,那么股价就会在消息公布后下跌。但需要注意两点:一是直接观察收购方股价的涨跌并不准确,还需要排除该时期市场整体走势的影响。二是观察股价涨跌的时间区间不仅要包括收购消息公告后,也要包括公告前一段时间,原因是公告前一般都会有传言等信息泄露,对投资者预期也会产生影响,因此观测区间应当是公告前后一段时间。

(二)市场反应和财务指标比较

在评估收购绩效时,市场反应和财务指标两种方法各有优劣。收购公告前后资本市场的反应是一个事前指标,投资者基于当前的市场环境以及其他所有可得信息,对收购事件的利弊影响进行评估,使股价能够反映决策做出时公司价值的预期变化。而财务指标则是事后评估指标，可以给出收购交易执行完成之后，公司运营绩效的实际变化，但是这种事后绩效变化很可能是由市场环境等客观因素造成的，未必会与收购决策本身的优劣直接相关。例如，收购之后公司的管理层发生变动，相应的公司战略也随之改变，那么原本对公司有利的收购交易可能变成负担。

当然，市场反应这一评估方法也存在固有缺陷。该方法的前提假设是资本市场是有效的，投资者对收购事件形成理性预期，股价又根据投资者的预期合理调整。然而，事实上，资本市场未必有效，投资者的预期很可能与实际情况存在偏差，股票价格更可能受到投机等因素的影响而偏离价值，且收购事件的相关信息也可能会在公告之前的很长时间就已经泄露。因此，仅从公告后资本市场的反应这一角度评估收购绩效显然是不完整和不可靠的，所以本书选择辅以案例和财务指标进行分析，如运营利润和净资产收益率等。

二、基于全球交易所收购案例的事件分析

本书首先使用市场反应法评估交易所收购案例的绩效，即考察收购方股价在收购公告前后的涨跌情况，并根据同期市场收益和股票 Beta 系数对原始涨跌幅进行调整，得到收购方股价在事件期的异常收益（Abnormal Returns，简称 AR）。

（一）研究方法和样本选择

对收购方股价"异常"收益进行估计的前提是首先明确何为"正常"收益。本书采用"市场模型"刻画交易所股票的正常收益率，即公式（3-1）：

$$R_t^i = \alpha_i + \beta_i \times R_t^m + \epsilon_t, t \in (-250, -15) \qquad 公式（3-1）$$

其中，R_t^i 表示收购方股票 i 在 t 日的收益率，R_t^m 表示市场在 t 日的收益率，ϵ_t 是均值为零的扰动项，系数 α_i 和 β_i 是常数。将收购公告日设为 $t=0$，本书使用公告日前 250 至 15 个交易日（估计期）的数据估计 $\hat{\alpha}_i$ 和 $\hat{\beta}_i$，即 $t \in (-250, -15)$。在公告日前后 15 个交易日（事件期），用原始收益减去正常收益率计算异常收益，即公式（3-2）：

$$AR_t^i = R_t^i - (\hat{\alpha}_i + \hat{\beta}_i \times R_t^m), t \in (-15, 15) \quad \text{公式}（3-2）$$

考虑到市场模型中的估计值 $\hat{\alpha}_i$ 通常不具有统计显著性，因此，本书在计算 AR 时如果没有特别说明，一般假定 $\hat{\alpha}_i = 0$。将事件期内各交易日的异常收益 AR 加总，就可以得到整个收购事件的累计异常收益（Cumulative Abnormal Return，简称 CAR），即 $CAR(n)^i = \sum_{t=-n}^{n} AR_t^i$，$n$ 表示公告前后的交易日数，如 CAR（10）表示公告日前后 10 个交易日的累计异常收益①。

本书使用的交易所收购案例来自 Zephyr 数据库，样本为 2001—2015 年宣布的 101 笔交易所收购交易。本书的样本筛选标准有两条：一是收购方为股票数据可得的上市交易所；二是为了防止样本之间的干扰，相同收购方多笔收购中，若 2 个月内有两笔规模相当的交易，则全部舍弃，若一笔交易的规模是另一笔的 5 倍以上，则保留较大的一笔。

（二）交易所收购交易的整体表现

全部收购案例在公告日前后的平均累计异常收益计算结果见图 3-5。图 3-5 中横轴显示了收购公告前后的 15 个交易日，其中数值为 0 的坐标点是收购公告日；圆形标记的线是收购方未经调整的累计股价涨跌幅；方形标记的线表示用市场收益率和股票 Beta 系数调整后得到的累

---

① CAR（10）是本书使用的主要市场反应指标，这是由于 10 个交易日（2 周）的时间比较符合市场吸收收购信息的过程，时间过短则价格无法调整到位，过长则容易混淆收购事件之外的其他影响因素。

计异常收益（CAR）；三角形标记的线则进一步在 CAR 的基础上扣减了股票在收购事件前（-250，-15）的历史平均异常收益，即假设了 $\hat{\alpha}_i$ 不等于零。这三种计算方法中，圆形标记的线是收购事件累计异常收益的上限（未剔除市场因素），方形标记的线是最合理的异常收益估计值，而三角形标记的线则是估计下限。

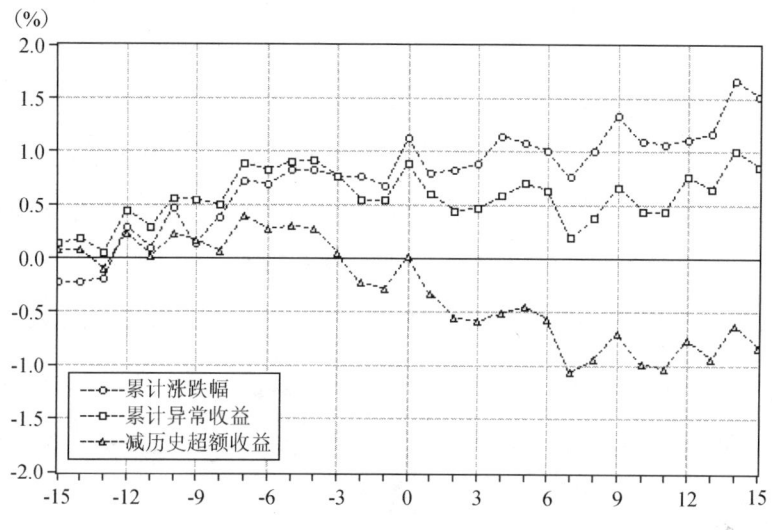

图 3-5　收购公告日前后收购方股票的累计收益率

资料来源：Bloomberg。

图 3-5 显示，总体而言，收购方的股票价格在收购公告前后呈上涨态势，围绕公告日的 31 个交易日累计涨幅约为 1.5%，相当于年化涨幅 12%。排除了同期全市场整体涨跌的影响后，收购方的股价仍然具有正向异常收益，涨幅高于全市场平均 0.85%，相当于年化异常收益率的 6.6%。但进一步扣减收购方股票的历史平均异常收益后，股价在公告日前后的累计异常收益为负。

上述结果表明：第一，方形标记线显示收购方股价在收购公告前后具有比全市场指数更高的收益率，累计异常收益 CAR 大于零，说明投资者认为收购交易可以增加公司价值。第二，从收购历史的平均水平看，交易所行业的股票相对市场具有异常收益，扣除该历史平均异常收益后，三角形标记线显示股价在公告日前后累计下跌，这说明收购事件一定程度上削弱了交易所股票原有的超常规优秀表现。第三，收购方股票在公告前后虽然具有正向累计异常收益，但经济显著性和统计显著性都不强。这一结果与其他行业的收购绩效研究较为一致，交易所收购并非明确的利好消息，投资者并不认可收购是提升公司价值的"万能灵药"。

从累计异常收益分布情况看（见图3-6），各个收购案例的差异较大。通过对比标准正态分布可知，收购方股票累计异常收益的分布呈现"尖峰厚尾"特征，不同案例中收购方股价在公告日前后的涨跌表现分化严重。因此，对任何具体的交易所收购事件而言，收购对公司价值的影响很难用行业平均水平进行判断。

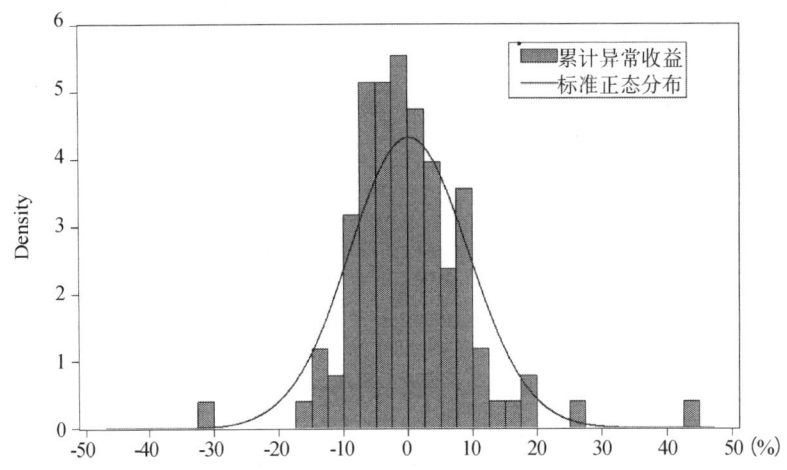

图3-6 收购公告前后收购方股票的累计异常收益 CAR（10）分布

资料来源：Bloomberg。

（三）境外主流交易所的收购表现

不同交易所的收购绩效存在较大的差异，从收购事件的累计异常收益看，一些交易所的收购决策明显优于其同行。图3-7给出了参与收购笔数超过3笔的各家交易所的异常收益，圈内数字是收购案例个数。图3-7显示，在收购公告前后累计异常收益明显大于零的交易所不多，主要包括德意志交易所、CME、NASDAQ、ICE和新西兰交易所。多数交易所的股价都跑输了市场，这包括 NYSE、ASX 以及其他 18 起由其他 12 家交易所开展的收购交易，事件前后 10 个交易日的累计异常收益率在 -1.1% 至 -4.7% 之间。

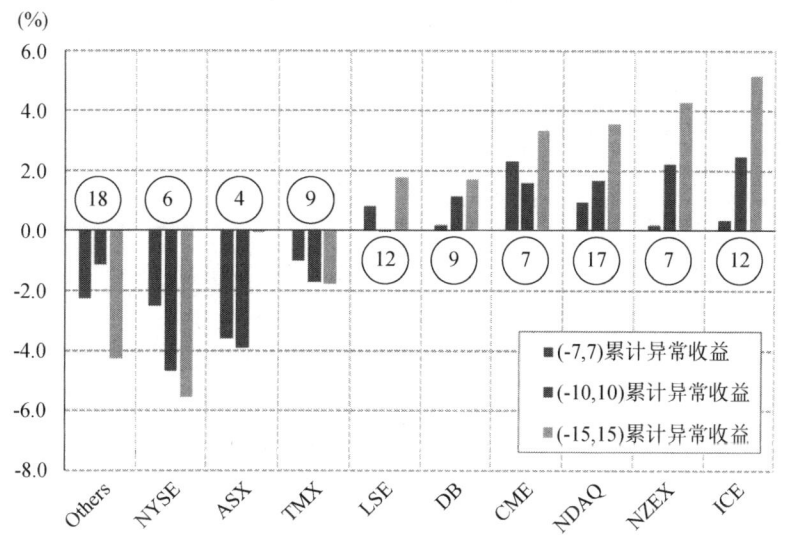

图3-7　各家交易所在公告日前后的累计异常收益比较

资料来源：Bloomberg。

这说明一些交易所明显更善于进行收购，资本市场的投资者对这些交易所的收购决策有更好的预期。

进一步对各交易所开展的收购交易个数进行分类统计，可以看出，收购次数越多的交易所，其在收购公告前后的异常收益越高。对于收购次数在 1 次至 5 次之间的交易所，股价在事件前后 10 交易日相对市场大幅下跌，异常收益率为 -1.6%，对于收购次数大于 10 次的交易所，其股价变化在事件前后会跑赢全市场，累计异常收益率为 1.4%。可能的解释是，收购绩效和交易所开展收购交易的经验紧密相关，交易所参与收购的经验越丰富，越有利于其做出正确的收购决策，从而得到资本市场的认可（见图3-8）。

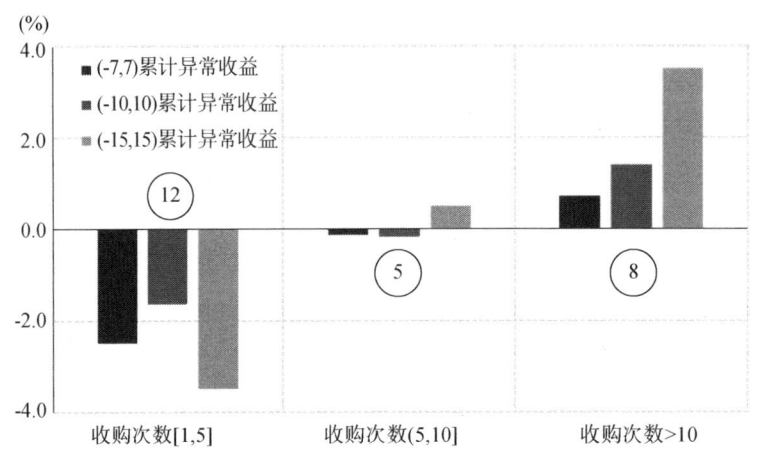

图3-8　交易收购次数和收购绩效的关系

资料来源：Bloomberg。

（四）收购目标和经济价值的关系

进一步按照收购目标企业的行业类型，对收购方公告日前后的股价异常收益率进行分类统计，结果见图3-9。结果显示，目标企业的行业类型确实显著影响收购绩效。

图3-9显示，以金融市场基础设施为目标的收购交易中收购方股价表现最佳，其次是计算机、数据和软件行业。这说明投资者更加看好收购金融基础设施的收购交易，其中的典型代表是ICE于2009年收购了芝加哥气候期货交易所（Chicago Climate Futures Exchange，简称CCFE）的清算所，该笔交易的CAR值高达27%。另一个成功案例是伦敦交易所集团（LSEG）于2012年收购伦敦清算所（LCH），CAR值为9%。

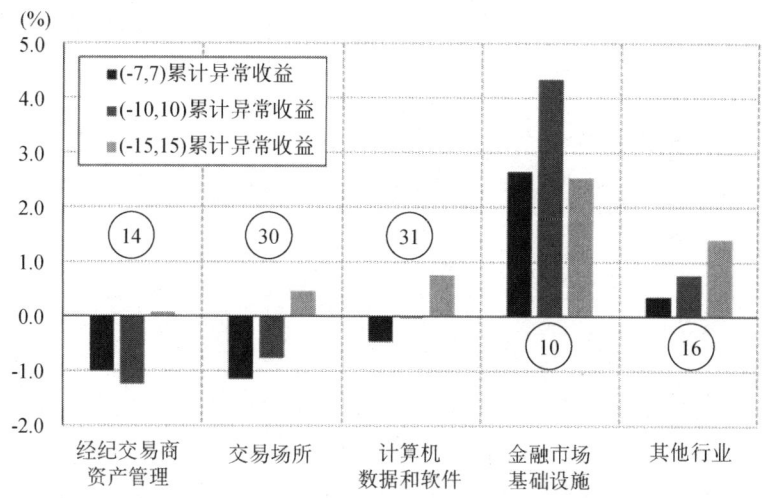

图 3-9 并购目标行业特征和收购绩效的关系

资料来源：Bloomberg。

虽然对于交易所而言，其他交易所是常见的收购目标之一，但是收购交易所并非"安全稳赚"的决策，这类收购的 CAR 值平均为负。目标企业为经纪交易商、资产管理行业的收购交易表现最差，说明此类多元化收购战略没有得到市场认可。当然，也有许多收购同行交易所的收购交易受到市场的热捧，如美国 NASDAQ 收购瑞典 OMX 以及 ICE 收购纽约期货交易所（NYBOT）的 CAR 值分别达到 13% 和 12%。

三、基于财务指标和股票价格的收购案例分析

本书选取了 ICE 收购 NYSE Euronext 事件，增加财务指标等新的分析维度，解释为何某些声名远扬的收购交易并不能为交易所带来显著的经济价值。

（一）股价表现和财务表现

从股票表现和短期财务指标表现上看，ICE 收购 NYSE 并非成功的

收购决策。在 ICE 于 2012 年 12 月发布收购公告之前，德意志交易所和 NYSE 其实已经就合并达成共识，并在 2011 年 7 月 13 日发布了合并公告，但该笔交易终因可能造成垄断被欧盟委员会叫停。图 3-10 显示了德意志交易所股票价格和 ICE 股票价格对于收购 NYSE 的不同反应。

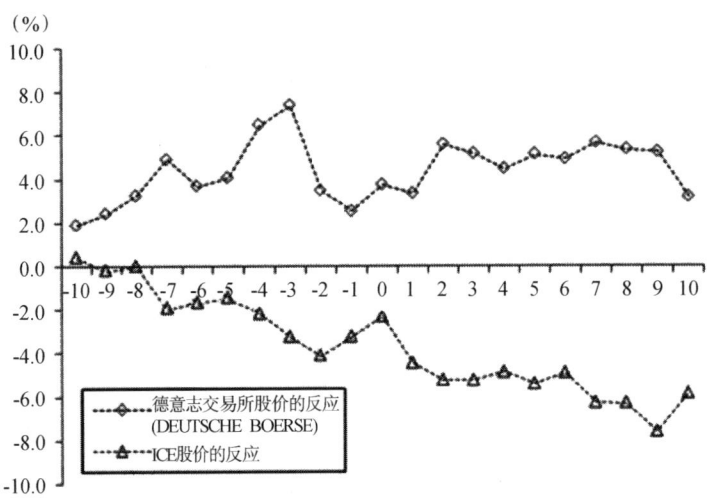

图 3-10　德意志交易所股价和 ICE 股价对收购消息的不同反应
资料来源：Bloomberg。

可以看出，同样是收购 NYSE，德意志交易所的股价的累计异常收益率显著为正，信息公告期前后 10 个交易日的累计异常收益率为 3.2%，而 ICE 股价的累计异常收益类为负数，累计异常收益率为 -5.9%。说明市场认为收购会对德意志交易所产生正面影响，但是如果收购方换为 ICE，则无法实现这个目标。

同样，ICE 在收购达成后的短期财务数据也显示了同样的结果。ICE 在 2013 年 11 月 13 日[①]正式完成收购，2014 年年报显示，ICE 的总收入为 30.92 亿美元，较 2013 年增长了 14.94 亿美元，其中 14.61 亿美

---

① 详见 ICE 2014 年报，P43。

元来自 NYSE 业务的贡献①，但实际上 NYSE 在收购前三年的总收入的平均值就高达 42 亿美元②。虽然 ICE 于 2014 年 6 月卖出了 90% 以上的 Euronext 股份对此有一定影响，但 14.61 亿美元也确实远远低于 NYSE 本可以实现的 42 亿美元年收入。

另一个重要的评价维度是 ICE 对 NYSE 资产的后续处理。ICE 在 2014 年 6 月至 12 月，即完成对 NYSE 的正式收购 1 年的时间，将其持有的 Euronext 股份全部抛售。除了将 Euronext 业务线剥离，在 2014 年 12 月，ICE 还售出了 NYSE Technologies 的全部业务，收入所得被 ICE 主要用于偿还收购 NYSE 的贷款。

（二）收购未能取得理想效果的原因

收购 NYSE 未带来显著经济价值的原因主要有三点：一是本次收购的成本较高。2012 年 2 月 1 日，欧盟委员会最终以反垄断的名义阻止了德意志交易所集团和 NYSE 的合并计划。而 ICE 的董事会于 2012 年 12 月 20 日，即 10 个月之后，通过了以 80 亿美元收购 NYSE 的决定，根据其 2014 年年报，ICE 最终以 111 亿美元完成收购，收购价高于德意志交易所集团提出的 95.3 亿美元的收购价。

二是两家交易所集团的业务契合度较低。从 ICE 后续剥离收购 NYSE 获得的欧洲地区证券和衍生品业务的决策可以看出，ICE 主要目标是美国证券和衍生品业务。NYSE 的欧洲业务线和 ICE 的原有业务有重叠，而 NYSE 的美国业务线和 ICE 之间的相似性很少。在美国市场，ICE 主要进行商品和信用衍生品业务，而 NYSE 集团的美国业务主要是证券交易，这也是美国监管机构认为该笔收购不会造成市场垄断的原因。一般来说，交易所收购其他交易所，可以整合交易平台，降低运营

---

① 2013 年 12 月才正式完成收购，2013 年的年报中只计入了部分 NYSE 的收入，仅为 2.08 亿美元，因此，2013 年 ICE 财务数据不能作为有效参考。

② 详见 ICE 2014 年报，第 44 页、45 页。

成本，典型的例子是 CME 收购芝加哥期货交易所（Chicago Board of Trade，简称 CBOT）。完成收购后，CME 将 CBOT 的产品整合到其 Globex 电子交易平台上交易，降低了总体运营成本。但是 ICE 的美国业务以衍生品交易和清算为主，收购以证券交易为主的 NYSE，并没有带来平台的整合效应。

三是目标企业规模过大。2011 年，NYSE 的市场价值为 97.5 亿美元，ICE 的市场价值略低，为 94.5 亿美元。2011 年，ICE 原计划联合 NASDAQ 一同收购 NYSE。原计划中，ICE 将获得 NYSE 的衍生品业务，而 NASDAQ 获得 NYSE 的证券交易业务，但 2012 年，ICE 最终决定独自完成收购，由于其单独体量无法带动 NYSE 的全部业务，因此于 2014 年以 21 亿美元作为交换，剥离了 NYSE 的 Euronext 业务线，但保留了美国的证券现货和证券衍生品交易业务。目标企业过大会导致收购业绩表现一般的主要原因是目标企业过大会使收购之后的业务融合和企业文化融合面临更大阻碍。

四、交易所进行收购的方法

平均而言，投资者对交易所收购的表现有较为正面的预期，但收购行为并非提升交易所业绩的万能良药。通过股票价格分析可知，收购方交易所在收购信息公告日前后的累计异常收益为正值，虽然该正值的显著性不强，但表明投资者认为交易所收购对提高交易所的价值有一定贡献。不过不能忽视的是收购交易个体差异巨大，失败的收购在交易所行业并非个案。但也需要意识到，许多以扩张为目的的收购实际上追求的可能是市场长远发展战略布局，而不以短期经济价值为目的，因此不管是依靠股价表现还是短期财务指标都无法对这类交易所收购案件准确评价。

收购表现和交易所管理层的经验相关。ICE、NASDAQ、CME 等收购经验较为丰富的交易所集团总体表现较好。雇用经验丰富的咨询公司和投资银行不能取代交易所管理层在决定收购策略上的作用。

对于交易所而言，清算所、中央证券存管机构等金融市场基础设施是较为稳健的收购选择，而收购其他交易所可能不能带来明显的经济价值。金融市场基础设施中，清算所和交易所之间最容易产生合力（Synergy），因此收购表现最好。衍生品交易所和现货交易所合并带来的经济价值并不明显，因为二者可以相互利用的资源较少。比如主要从事期权交易业务的美国芝加哥期权交易所（CBOE）于2011年收购美国全国证券交易所（National Stock Exchange，简称NSX），以及澳洲证券交易所（Australian Securities Exchange，简称ASX）于2006年收购悉尼期货交易所（Sydney Futures Exchange，简称SFE）后，收购方股票的表现都不理想。

第三节 交易所行业的知识产权保护

交易数据、创新型产品、高效的系统以及完备的风险控制手段是交易所的核心竞争力，因此智慧财产是交易所资产的重要组成部分。21世纪以来，境内外发生了多起涉及交易所知识产权侵权的案件。2002年，纽约商业交易所（NYMEX）状告洲际交易所（ICE）未经授权使用其结算价进行互换合约的结算。2006年，道琼斯指数公司控告美国国际证券交易所（International Securities Exchange，简称ISE)① 和美国期权清算公司（Options Clearing Corporation，简称OCC）侵权上市和清算基于其指数ETF的期权合约。2006年，上海证券交易所子公司上证

---

① ISE在2016年被NASDAQ集团收购，更名为NASDAQ International Securities Exchange。

所信息网络有限公司诉新华富时指数有限公司未经许可擅自使用上证所实时股票行情编制中国 A50 指数，并擅自允许新加坡交易所（SGX）基于该指数上市中国 A50 指数期货。

在竞争激烈的交易所行业，利用法律武器维护交易所对于智慧成果的权利已经成为行业惯例。但交易所行业的知识产权的保护不同于一般的商业实体，商业秘密、专利权、著作权和商标等常见知识产权的保护方式在保护交易所的交易数据、规则、合约设计、风险控制方法以及技术系统时可能并不可行。另外，交易所知识产权侵权经常涉及跨境案件，更增加了交易所知识产权保护的难度。交易所一方面需要了解如何保护自己的知识产权，另一方面也需要了解知识产权保护的边界——了解哪些智慧成果并不在法律保护之列。

一、两起交易所侵权案件的不同判决结果

（一）NYMEX 诉 ICE 侵权使用结算价败诉

NYMEX 是全球主要的能源类衍生品交易所之一，其上市的天然气期货（Henry Hub Natural Gas Futures）和北德州原油期货（West Texas Intermediate Crude Oil Futures）的交易非常活跃。因此，洲际交易所（ICE）在清算天然气互换合约（Henry Hub Natural Gas Swap）和北德州原油互换合约（West Texas Intermediate Crude Oil Swap）时，使用 NYMEX 期货合约的结算价来计算每日盯市价格。2002 年 11 月，NYMEX 向美国法院提起了诉讼，起诉 ICE 使用其结算价进行每日盯市的行为同时侵犯了其著作权、美国联邦商标权和州商标权，造成了侵权干扰[①]。

在案件审理中，ICE 对于 NYMEX 提起的指控进行了答辩。ICE 认

---

① 英文为"Tortious Interference"，美国法律术语。该罪名是指犯罪主体故意破坏他人和第三人的合同关系。比如通过敲诈勒索的方式强迫他人不履行和第三人签订的合同。

为：第一，结算价属于事实，因此不受著作权保护；第二，结算价中的"思想"和"表达"并不能显著地被区分，因此按照"合并原则"①，并不受知识产权法保护；第三，结算价属于短语，因此不能作为著作权被保护；第四，ICE 在使用 NYMEX 商标时已经表明了出处，因此构成了合理使用。

受理案件的一审法院虽然承认该结算价由 NYMEX 产生，但是认为第三方使用 NYMEX 产生的结算价的行为并不构成侵权，因此裁判 NYMEX 败诉。NYMEX 不服判决，又进行了上诉。2007 年的二审结果依然裁判 NYMEX 败诉。二审法院认为，NYMEX 期货的结算价是基于标的市场的事实而确定，因此如果给予结算价著作权保护，则会违反美国判例法中的"合并原则"，即当一种思想只有通过有限的几种方式来表达时，那么对于思想的表达方式不给予保护。也就是说，虽然结算价是交易所按照其设计的方法计算得到的，但是这种表达价格的方式是有限的几种表达市场价格的方式，因此交易所的这种表达市场价格的方法不受法律保护，不能禁止他人使用交易所的结算价。

该案的判决结果对于支持判例法的美国具有重大意义，一审法院和二审法院对该案的判决说明，在美国市场，交易所产生的结算价或者收盘价并不是交易所的知识产权，因此第三方基于结算价和收盘价设计金融衍生品并不构成侵权。

（二）上交所诉新华富时侵权使用实时股票行情胜诉

我国境内交易所行业也有类似侵权案件，最有名的是上海证券交易所（简称上交所）的子公司上证所信息网络有限公司（简称上证信息）诉新华富时指数有限公司（简称新华富时）证券信息合同纠纷。本案

---

① Merger Doctrine，也被称为融合理论，在判断一个作品是否受著作权法的保护时，一般使用"思想/表达二分法原则"。著作权保护"表达"，但是不表达"思想"。1967 年，Morrissey VS 宝洁公司一案中确立了美国判例法中的"合并原则"，即如果思想只存在有限的几种表达方式，那么思想与表达产生合并，从而不给予这些特定表达以著作权保护。

件除了涉及交易所对实时交易数据的知识产权，还涉及我国股票指数衍生品的定价权之争，因此格外受市场关注。该案件起源于诉讼双方于 2005 年 12 月 29 日签订的"证券信息许可使用合同"及其附件"上海证券交易所证券信息使用许可证"，该合同和附件许可新华富时有偿使用上交所的证券信息一年。而新华富时未经上证信息书面许可，使用了上交所实时股票行情和 SGX 合作编制新华富时 A50 指数，并授权 SGX 发布该指数，以及基于该指数开发并上市中国 A50 指数期货。

为此，上证信息向上海市浦东新区人民法院提起诉讼，要求解除双方签订的证券信息许可使用合同及其附件，判令新华富时支付违约金 2 万美元。该案件于 2006 年 10 月 11 日在浦东法院第一次开庭审理。在案件审理过程中，新华富时辩称：第一，上交所对实时股票行情不享有任何知识产权，因为上交所公布实时股票行情是其法定义务，实时股票行情是公开资讯，不属于知识产权保护的对象，上交所和上证信息无权限制新华富时指数公司使用；第二，"新华富时 A50 指数"是新华富时指数公司选择 50 只股票的实时行情通过复杂计算而编制的，新华富时指数公司有权依法使用以及许可他人使用；第三，新华富时指数公司与新加坡交易所合作开发的 A50 指数期货，是以新华富时 A50 指数为基础的，不属于合同限制使用的范围，故请求法院驳回上证信息的诉讼请求。同时，新华富时指数公司还提出了反诉，认为合同中限制其使用上交所实时股票行情的约定，属于《合同法》中"在订立合同时显失公平的"情况，因此请求浦东新区法院撤销双方签订的合同中的相关条款，以及附件的"上海证券交易所证券信息使用许可证"。

2006 年 10 月 31 日，浦东新区人民法院对案件作出了一审判决，上交所胜诉。双方于 2005 年 12 月 29 日签订的"证券信息许可使用合同"及附件于 2006 年 9 月 4 日予以解除，新华富时指数公司需要支付违约金 2 万美元。法院一审认为，双方签订"证券信息许可使用合同"许可新华富时有偿使用上交所的证券信息一年，该合同明确，该合同及许可证书界定的上交所证券信息的一切权利归上交所所有，未经上证信息的书面许可，任何机构或个人不得对上交所的证券信息进行永久储存或使用。

虽然上交所一审胜诉，但是新华富时指数公司没有停止编制 A50 指数，也继续授权 SGX 使用 A50 指数。新华富时与上证信息之间的证券信息许可使用合同纠纷案件二审判决在 2007 年生效，但即使在二审判决生效后，新华富时仍在未取得上交所、上证信息许可的情况下继续使用上交所行情信息。2006—2010 年，上交所和新华富时进行了多轮谈判，希望找到一个各方都可以接受的解决方案。2010 年 3 月 3 日，富时集团、新华富时指数公司、上交所和上证信息四方终于就"新华富时"相关历史遗留问题发表了联合声明。联合声明中，上交所、上证信息表示尊重新华富时对 A50 指数的经营权、拥有权及相关权益，新华富时也承诺，对所编制指数的经营不会损害上交所、上证所信息公司对证券信息享有的相关权益，也不会违反双方相关约定。后续双方就上交所股票实时行情的使用最终达成了协议，新华富时指数公司可以继续使用上交所实时交易数据编制新华富时 A50 指数，也可以继续授权 SGX 上市新华富时 A50 指数期货。

上交所虽然胜诉，但是其希望新华富时指数公司停止使用实时数据编制指数，以及希望 SGX 停止上市 A50 指数期货的诉求并没有实现。这体现出了交易所知识产权保护的难点之一，即跨境知识产权保护通常很难执行。比如，在本案中，新华富时指数公司在 2007 年终审败诉后，虽然没有了上交所实时数据的使用授权，但仍然继续编制 A50 指数，也继续授权 SGX 基于 A50 指数上市股指期货。

二、交易所知识产权保护的困境

我国金融市场的产品创新和技术创新在不断深化，而境内交易所和清算所等金融市场设施在实践中对其产品和技术创新普遍缺乏法律保护意识，但交易所的知识产权保护也的确和一般商业实体不同，对于一些智慧成果的保护方式没有行业惯例和最优做法。即使是境外资金雄厚的大型交易所集团在知识产权保护方面也会面临障碍，无法合理保护自己的智慧成果。

（一）通过著作权保护交易所规则和合约设计不具有可行性

《中华人民共和国著作权法》[①] 第三条规定了著作权保护的客体，而第五条规定了明确不受著作权法保护的三类客体。我国著作权法没有排除对交易所规则以及衍生品合约进行保护的可能，而交易所规则和衍生品合约又不属于著作权法第五条中应当被排除出保护范围的三类，但是交易所在实践中很难通过行使著作权来防止竞争对手复制其产品。第一，通过著作权对交易所规则和期货合约条款的保护只是一种形式上的保护，其保护对象并不是规则和合约条款的思想内容，而是该思想内容的表达形式。因此，即使规则受到了著作权保护，受到保护的也只是相关条款的文字表现形式，而不是合约和规则的设计方法以及实质内涵。因此，如果有其他竞争者复制了交易所合约和业务制度设计，即使该产品和业务制度实际上和受侵害的交易所的产品一致，但是如果其合约和业务规则在文字上和原规则以及合约条款不一致，那么被侵权的交易所就无法根据《著作权法》向侵权方追究责任。第二，《著作权法》并不禁止合理使用，具体来说，在《著作权法》第二十四条规定的范围内，如果第三人注明了来源，那么使用交易所的规则和期货合约，可以不经交易所同意，并且不用向交易所支付报酬。

在实务中，存在不同交易所上市几乎完全一致的期货和期权合约的现象，交易所无法禁止其他交易所上市类似产品，甚至也不能禁止其他交易所复制其旗舰产品。比如，全球大部分实物交割的国债期货都采用

---

① 《中华人民共和国著作权法》（2020年11月11日第三次修正）。

转换因子（Conversion Factor）体系①，该国债期货设计方案最早由美国芝加哥期货交易所（CBOT）在 1977 年提出，后续包括大阪交易所的日本国债期货、欧洲期货交易所（Eurex）的德国国债期货以及中国金融期货交易所的中国国债期货都采用了该种设计方案。这种产品相似性是由于期货合约的标准化导致的，标准化是期货的天然属性，因此没有交易所会因为竞争对手复制其旗舰产品而将其告上法庭，新加坡交易所就上市了多个其他国家交易所的旗舰产品，比如日经 225 股指期货和中国 A50 股指期货。

（二）交易所对结算价的知识产权存在不确定性

从我国市场的司法实践上看，我国普遍认可交易所对其市场产生的结算价享有知识产权，其他交易所经授权才可以使用该结算价。结算价授权在我国被认为是交易所跨境合作的方式之一，比如 2020 年上海期货交易所（简称上期所）就与挪威浆纸交易所（NOREXECO ASA – the Pulp and Paper Exchange）达成了纸浆期货交割结算价授权协议。上期所将纸浆期货交割结算价授权挪威浆纸交易所，挪威浆纸交易所上市了现金交割纸浆期货，该期货合约的交割结算价计算基准是上期所纸浆期货交割结算价。但是部分司法辖区的判例并不支持交易所对结算价的知识产权，比如 2002 年 NYMEX 起诉 ICE 使用其结算价侵权一案中，美国法院认为交易所对其市场产生的结算价或者收盘价并不拥有知识产权，因此第三方基于结算价和收盘价设计金融衍生品并不构成侵权。

（三）透明度要求使交易所很难阻止他人模仿其智慧成果

出于防范系统性风险的目的，国际证监会组织（International Or-

---

① 在转换因子体系下，国债期货进行实物交割时的可交割国债范围是一篮子符合标准的国债，期货的空头可以在可交割国债篮子中任意选择一只国债进行交割。选定进行交割的国债后，该只债券的交割货款通过交割结算价乘以转换因子计算得到。转换因子体系保证不论期货空头使用哪只债券进行交割，对期货多头都是无差别的。

ganization of Securities Commissions，简称 IOSCO）和中国证监会等境内外监管当局普遍要求金融市场基础设施对一些关键风险控制方法和参数进行信息公开。交易所在按照监管要求进行信息公开时，很难阻止其他交易所复制其智慧成果，典型的例子是保证金方法。《金融市场基础设施原则（Principles for Financial Market Infrastructures，简称 PFMI）》[1] 要求中央对手方公布其保证金方法和关键参数。其他中央对手方因此可以对公布的保证金方法进行改良后应用，以规避商标权对保证金方法的保护。芝加哥商业交易所集团（CME Group）于 1988 年发明了"SPAN（Standard Portfolio Analysis of Risk）方法[2]"，并对该方法申请了商标，大阪交易所等交易所在使用该方法时都获得了 CME 的授权。但是如果其他交易所选择对该方法进行适当调整，则可以绕开商标权的保护。香港交易所的衍生品保证金计算方法 PRiME（Portfolio Risk Margining System of HKEX）[3] 就是一个类 SPAN 的方法，基本计算逻辑和 SPAN 类似，但是由于没有完全复制 SPAN 方法，因此不构成侵权使用。

（四）交易所大数据缺乏明确保护手段

订单和交易数据是交易所最宝贵的资源之一，交易所数据可以满足市场参与者交易、风险管理以及投资决策方面的需求，出售数据已经成为交易所重要的收入来源。以美国 CME 集团为例，2020 年财年和 2021 年财年，其数据收入占总收入的比例分别为 11% 和 12%[4]。

欧盟 1996 年实施的《数据法律保护指令》（Directive on the Legal Protection of Database）确立了"数据权（Database Right）"的概念，欧

---

[1] 《金融市场基础设施原则》由国际清算银行的支付结算体系委员会（Committee on Payment and Settlement Systems，简称 CPSS）和国际证监会组织（IOSCO）联合发布，是各类金融市场基础设施安全高效运行的国际标准。
[2] CME, 2019. Span Methodology. CME 官网。
[3] HKEX, 2017. PRiME Margining Guide. HKEX 官网。
[4] 详见 CME 集团 2021 年报，第 23 页。

盟的交易所可以通过数据权来保护各类数据。数据权类似著作权，欧盟对数据权的保护期限为数据发布或者数据达到完整状态之后的 15 年①。截至 2023 年，我国尚无数据保护方面的专门立法，对数据的保护一般是通过著作权的形式。但是著作权对于交易所数据的保护程度非常有限，我国著作权法保护的主要是数据的"汇编"，换句话说，交易所收集的报价和交易数据，数据本身是不被保护的，如果只是对数据进行简单统计，也是不受《著作权法》保护的，但如果在对数据的统计过程中加入了交易所的独创性思想，才有可能受到《著作权法》的保护②。这种法律保护程度对于交易所数据保护是不够充分的，包括在 2006 年上交所诉新华富时侵权一案中，新华富时也提出"实时股票行情是公开资讯，不属于知识产权保护的对象"。

三、交易所知识产权的可行法律保护方式

交易所的确在保护产品设计以及交易数据方面存在一定障碍，但这并不意味着交易所对于合理保护其智慧成果束手无策。交易所可以通过商标权保护其编制的指数和保证金计算方法。

（一）基于《商标法》保护交易所编制的指数

交易所开发的指数都可以通过注册商标的形式获得《商标法》的保护。商标权保护的是商品或服务的标志，根据《商标注册用商品和服务国际分类》，金融和保险被归在第 36 类，属服务类。因此，如果交

---

① THE EUROPEAN PARLIAMENT AND THE COUNCIL OF THE EUROPEAN UNION, 1996. DIRECTIVE 96/9/EC OF THE EUROPEAN PARLIAMENT AND OF THE COUNCIL of 11 March 1996 on the legal protection of databases. Official Journal of the European Communities.
② 《中华人民共和国著作权法》（2020 年 11 月 11 日第三次修正）第十四条　汇编若干作品、作品的片段或者不构成作品的数据或者其他材料，对其内容的选择或者编排体现独创性的作品，为汇编作品，其著作权由汇编人享有，但行使著作权时，不得侵犯原作品的著作权。

易所针对其交易的产品编制指数，那么作为指数组成要素之一的指数名称可以通过申请商标注册获得 10 年的商标权保护期并可以续展。

以商标权保护交易所指数和指数编制方法是行业惯例，典型的通过商标权保护指数编制方法的例子是芝加哥期权交易所（CBOE）的波动率指数（VIX）。该指数描述市场波动率，又被称为恐慌指数，被交易员视为描述市场情绪和市场不确定性的指标。CBOE 为该指数申请了注册商标，因此其他交易所不能未经授权称自己编制的波动率指数为 VIX 指数。

但交易所也需要认识到，商标权对于交易所编制的指数的保护也是有边界的。美国法律的实践认为，交易所或者指数公司设计的指数受到知识产权法保护，第三方基于指数设计衍生品或者 ETF 需要获得交易所或者指数公司的授权，比如开发基于指数的指数期货和指数 ETF 都需要得到指数所有权人的授权。但是如果第三方基于指数 ETF 再开发衍生品，那么则不构成对指数所有权人的侵权，比如第三方基于标普 500 指数设计了标普 500 指数 ETF，该行为必须获得标准普尔公司授权，但是如果第三方基于标普 500 指数 ETF 再开发期权品种，则不需要获得标准普尔公司的授权。美国市场的典型判例是 2006 年道琼斯指数公司状告国际证券交易所（ISE）和美国期权清算公司（OCC）非经授权上市并清算基于道琼斯指数 ETF 的期权，案件以道琼斯指数公司败诉告终。之所以存在差异，主要是因为美国法院认为指数 ETF 的价格实际上紧跟构成指数的股票价格，而指数期货的价格紧跟指数本身的变化。也就是说，即使指数不存在，由于指数 ETF 本身反映标的股票的价格，指数 ETF 依然可以独立于指数存在，但是指数期货却不能独立于指数存在。因此，道琼斯指数公司一案的一审法院认为基于股指 ETF 的期权更接近股票期权，OCC 和 ISE 的行为不构成对指数公司的侵权。道琼斯指数公司不服一审判决，提出上诉，但二审判决同样驳回了道琼斯指数公司的诉讼请求。只是此次基于了不同的原因，二审法院认为作为原告的道琼斯指数公司开发并公布指数是为了向公众提供信息，因此其不能因为被告使用了其提供的信息而起诉被告侵权。

（二）基于专利权保护交易系统、结算系统和风险控制方法

按照《中华人民共和国专利法》，专利是指符合《中华人民共和国专利法》规定的新颖性、创造性、实用性等条件的发明创造，包括发明、实用新型和外观设计。因此，交易所开发的交易系统和结算系统可以通过申请发明或者实用新型的形式来获得专利法的保护。

但是，除了系统和程序外，订单匹配算法、保证金计算方法和压力测试方法等使程序和系统得以运行的方法也是交易所重要的智慧成果，对这些智慧成果的保护存在一定的不确定性。这些智慧成果属于商业方法，传统上，对于这些商业方法并不授予专利，但是近年来，美国、欧盟以及日本等发达市场改变了过去不授予商业方法专利的做法，开始受理商业方法领域的专利申请，一些符合条件的申请已经取得专利权。在境外，通过专利权保护交易所技术系统是常见做法，比如交易所通常为其交易撮合引擎、交易界面和清算技术系统等申请专利。

我国也已经开放了商业方法的专利申请。2004年10月，中国国家知识产权局发布的《商业方法相关发明专利申请的审查规则（试行）》中给出了解释："商业的含义是广泛的，包括金融、保险、证券、租赁、拍卖、投资、营销、广告、旅游、娱乐、服务、房地产、医疗、教育、出版、经营管理、企业管理、行政管理、实务安排等。商业方法相关发明专利申请是指以利用计算机和网络技术完成商业方法为主题的发明专利申请。"因此可以看出，我国对于商业方法的专利申请依附于技术系统之上，即需要和方法配套的软件结合进行申请。2003年1月1日，美国花旗银行集团从中国国家知识产权局获得了"数据管理的计算机系统和操作该系统的方法"专利，就属于将商业方法和技术系统配套进行专利申请。

尽管我国国家知识产权局在商业方法的专利申请问题上较为谨慎，

坚持商业方法专利申请本质上必须是一个技术方案，给单纯以风险控制方法和订单匹配方法申请专利造成了难度，但从法律规定来看，我国专利机关对商业方法专利并非一概排斥。2020年修订的《专利审查指南》第二部分"实质审查"第一章"不授予专利权的申请"第 4.2 条规定，"如果一项权利要求仅仅涉及智力活动的规则和方法，则不应当被授予专利权"，该条同时规定"如果一项权利要求在对其进行限定的全部内容中既包含智力活动的规则和方法的内容，又包含技术特征，则该权利要求就整体而言并不是一种智力活动的规则和方法，不应当依据专利法第二十五条排除其获得专利权的可能性"。也就是说，如果保证金方法附着在技术系统之上，是可以申请专利保护的。

（三）总结

交易所的知识产权主要包含三类：第一类是交易所的数据，包括实时市场行情、收盘价、结算价以及交易所依据行情编制的指数等。第二类是产品设计和业务设计，包括合约设计、订单匹配方法和保证金计算方法等。第三类是技术系统，包括交易所的交易系统、结算系统等。

实践中，境外主要交易所的常见做法是通过专利权保护技术系统、通过商标权保护交易所编制的指数和保证金方法，通过著作权保护交易所出版物、研究报告、网站界面以及投教材料。比如 CME 集团就在其年报①中表示通过商标权、专利权、著作权、数据权（Database right）、商业秘密和披露限制（Restriction on Disclosure）等手段保护智慧成果。CME 集团对交易撮合引擎、交易界面、交易平台支持系统以及清算系统均申请了专利，这种对智慧成果进行全方面保护的做法值得参考。

但是，交易所在寻求知识产权的司法救济时也需要认识到，国外的司法实践表明，法律对于交易所一些知识产权的保护相对有限。比如对

---

① 详见 CME 集团 2021 年报，9 页。

于指数、ETF 和其他金融衍生品的所有权人而言，法律并不能完全排除第三方对这些金融智慧成果的使用。指数开发者有权自己上市和清算基于指数的衍生品，也可以授权第三方，但是如果第三方基于产品的结算价设计新产品则不需要指数所有权人以及产生该结算价格的交易所的授权。交易所应该结合自己的实际情况，建立知识产权的保护框架，通过多种方式保护其智慧成果。

第四节　交易所、会员和客户的三方法律关系

许多投资者从未思考过交易所[①]、交易所会员以及会员的客户三方的法律关系，但在信用风险加剧的金融市场，该问题事关投资者面临的信用风险和法律风险。简单来说，客户、会员以及交易所之间的法律关系决定了以客户身份参与交易的投资者的信用风险敞口和法律风险敞口是来自代理其结算的会员还是来自交易所。可能各国在监管上存在差异，但是具有清算职能的衍生品交易所通常要受到严格监管，信用风险和法律风险较低。但是交易所会员可能是大型综合型金融机构，也可能是小型经纪商，其稳健程度通常会低于交易所，因此风险敞口是来自交易所还是来自会员会带来不同结果。

一、衍生品结算业务中的法律关系

在我国衍生品行业的习惯下，一般将投资者通过结算会员在清算所

---

① 狭义上，交易所的职责是展示报价和提供交易执行场所，而清算和结算是清算所的职责。目前我国期货交易所均承担清算职责，因此本书针对国内衍生品交易所的讨论都默认交易所承担清算职责。

（或具有清算职能的交易所）进行结算统称为"代理结算",实际上"代理结算"只是在描述商业行为,在法律关系层面,可根据清算所（或具有清算职能的交易所）、结算会员和会员客户三者之间法律关系的不同,对结算业务进一步区分,区分结算会员和其客户分别以何种地位参与结算业务。目前,全球衍生品行业采取的法律关系形式可以分成两种:主体对主体模式（Principal-to-Principal Model）和代理模式（Agency Model）。

美国市场主要使用代理模式,因此这种模式又被称为期货佣金商[①]模式（Futures Commission Merchant Model）。而主体对主体模式则主要在欧洲市场被使用,比如伦敦清算所（LCH）就使用主体对主体模式[②]。还有一部分清算所为了兼顾不同客户的需求,同时兼容两种模式。比如 NASDAQ 集团下的瑞典 NASDAQ 清算所（NASDAQ Clearing AB）就同时提供主体对主体模式和代理模式两种清算服务[③]。

主体对主体模式中各参与主体的法律关系类似我国法律概念中的"行纪"关系,而代理模式中的法律关系则类似我国法律概念中的"委托"关系。在 2022 年 8 月 1 日《期货和衍生品法》开始施行前,由于衍生品行业法律法规和交易所结算规则中均未明确说明我国期货交易所、期货公司和客户之间是何种民事法律关系[④],法律界对我国期货交易所的清算业务到底采取何种模式一直存在争议,因此交易所的部分业务操作存在不确定性。《期货和衍生品法》实施后对结算会员和其客户的法律关系进行了明确,《期货和衍生品法》第六十六条写明了"期货经营机构接受交易者委托为其进行期货交易,应当签订书面委托合同,以自己的名义为交易者进行期货交易,交易结果由交易者承担"。按照

---

① 美国市场从事期货经纪业务的公司被称为期货佣金商,类似我国的期货公司。
② LCH SwapClear, 28 May 2013. Notice to End-users of SwapClear Client Clearing Services.
③ 详见 NASDAQ Clearing AB 官网的清算运营（Clearing operation）栏目。
④ 《期货交易管理条例》（2017 年修订）第十八条中写明期货公司有"从事经纪业务"的业务范围,但我国民法中没有"经纪"的概念。

该条规定，作为期货经营机构的结算会员与其客户签订的是"委托合同[①]"，双方法律关系属于"代理模式"。但是也有金融法界人士认为，我国交易所、结算会员和客户的法律关系和境外所称的"代理模式"不完全相同，因此不能称我国的交易所、会员和客户的三方法律关系为"代理模式"。

（一）代理模式（Agency Model）定义

代理模式广泛在美国期货市场被使用，该模式强调期货经纪商的代理作用。作为交易所结算会员的期货经纪商，是连接交易所和客户的"通道"。在此模式下，结算会员只是客户的代理人和担保人，不拥有客户的头寸，客户自己"拥有"自己的头寸。对于采取代理模式的交易所而言，被清算的交易的参与主体是客户和交易所，结算会员不是交易主体。理论上结算会员和作为中央对手方的交易所之间没有交易关系，但是因为结算会员代理了客户，所以结算会员对客户有担保责任，如果客户违约，结算会员需要代替其客户向作为中央对手方的交易所履约。代理模式可以通过图3-11利率互换（Interest Rate Swap，简称IRS）交易的例子来说明。

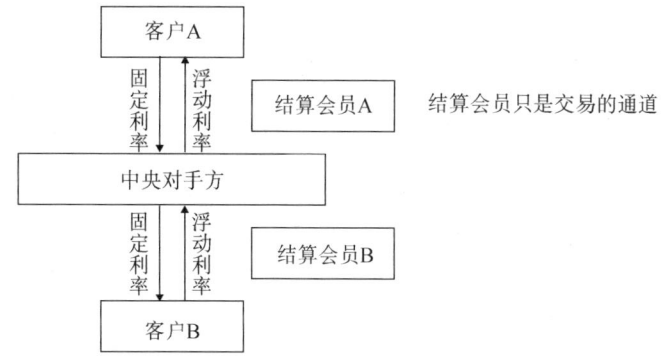

图3-11 代理模式的交易结构

资料来源：作者绘制。

---

① "委托合同"是《中华人民共和国民法典》第三编（合同）中规定的典型合同。

如图 3-11 所示，如果结算业务的法律关系属于代理模式，当一个客户和其对手方进行利率互换交易，在由中央对手方对利率互换交易进行集中清算后，交易实质上发生在负责清算的中央对手方和客户之间，结算会员只是两者之间现金流和保证金传递的通道：会员将客户支付的固定利率传递给中央对手方，再将中央对手方支付的浮动利率传递给客户。

从业务开展上看，因为只有会员与中央对手方签订了法律协议，所以业务上的关系产生在中央对手方和会员之间，但从法律角度上看，交易的法律关系产生在中央对手方和客户之间。这点也和我国《民法典》对"委托合同"的相关规定类似，《民法典》第九百二十五条规定了委托人的介入权——"受托人以自己的名义，在委托人的授权范围内与第三人订立的合同，第三人在订立合同时知道受托人与委托人之间的代理关系的，该合同直接约束委托人和第三人"。在我国交易所的代理结算关系中，客户是委托人，结算会员是受托人，交易所（或清算所）是第三人，虽然会员作为受托人以自己的名义与交易所签订合同，但该合同直接约束客户和交易所。

（二）主体对主体模式（Principal-to-Principal）定义

"主体对主体模式"在欧洲被广泛采用。在该模式下，客户与结算会员签订合约形成交易关系，同时结算会员与作为中央对手方的交易所也签订合约形成交易关系，这种契约关系的结构是：对于结算会员而言，客户是参与交易的主体（Principal），对于交易所而言，结算会员也是参与交易的主体（Principal），这正是这种法律关系被称为"主体对主体模式"的原因。"主体对主体模式"主要通过客户结算协议约定客户与结算会员的权利与义务，通过交易所的结算规则和会员结算协议规定交易所和结算会员的权利与义务。同样使用利率互换交易作为例子来说明主体对主体模式（见图 3-12）。

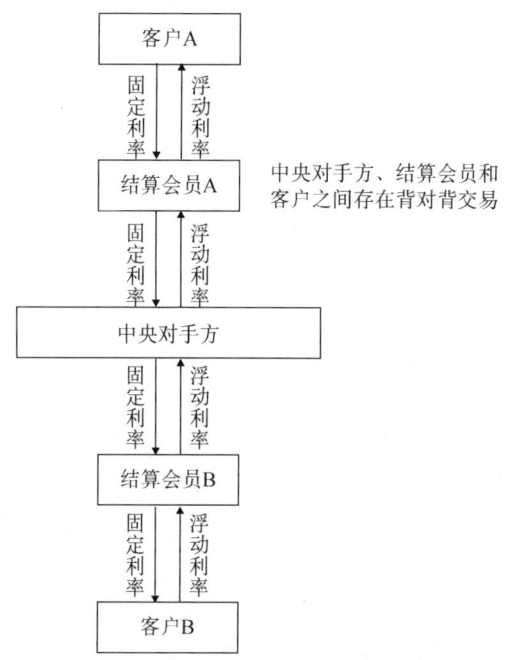

图 3-12　主体对主体模式的交易结构

资料来源：作者绘制。

在主体对主体模式的结算业务中，中央对手方（交易所或清算所）、结算会员和客户三者之间有两个完全相同的背对背（Back-to-Back）交易发生。结算会员不再只是通道，结算会员和客户进行利率互换交易，同时也和中央对手方进行相同的利率互换交易。

表 3-5 显示了境外主要中央对手方采用的法律关系模式，可以看出，主体对主体模式是欧盟成员国的清算机构普遍采用的模式，而美国的清算所都采用代理模式。

表 3-5　境外主要中央对手的结算业务法律关系

中央对手方（交易所或清算所）	国家/地区	法律关系类型
英国伦敦清算所（LCH）	英国	主体对主体模式
欧洲期货交易所清算所（Eurex Clearing）	德国	主体对主体模式
瑞典 NASDAQ 清算所（NASDAQ Clearing AB）	瑞典	主体对主体模式、代理模式

续表

中央对手方（交易所或清算所）	国家/地区	法律关系类型
芝加哥商业交易所（CME）	美国	代理模式
洲际交易所（ICE）	美国	代理模式
加拿大衍生品清算公司（CDCC）	加拿大	• 场内和场外权益类衍生品清算：代理模式 • 场外回购合约清算：主体对主体模式
澳大利亚交易所清算所（ASX Clear、ASX Clear Futures）①	澳大利亚	主体对主体模式②
香港交易所	中国香港	场外利率互换清算：主体对主体模式③

资料来源：交易所规则，作者整理。

二、识别结算业务中的法律关系

大型金融机构对交易所进行尽职调查时，会格外关注交易所、结算会员和客户的三方法律关系。代理模式和主体对主体模式的不同源于作为中央对手方的交易所和客户法律关系的不同。代理模式下，交易的参与方实际上是中央对手方和客户，而结算会员相当于客户履约的担保人。主体对主体模式下，中央对手方和客户之间没有直接的交易关系，交易发生在中央对手方和结算会员之间，以及结算会员和客户之间。中央对手方和客户没有直接的法律关系，这意味着客户的对手方信用风险来自结算会员。虽然作为中央对手方的交易所或清算所设置了客户账户，记录客户的持仓和担保品，但客户账户下的担保品和持仓只是名义

---

① 澳大利亚证券交易所集团（ASX）旗下有两家清算所，分别是 ASX Clear 和 ASX Clear (Futures)，其中，ASX Clear (Futures) 是原悉尼期货交易所（SFE）的清算所。SFE 和 ASX 合并后，两家交易所依然分别运行，清算机构也分别运行。
② 详见 ASX Clear Rule，12.2.3 条，第 10 页。
③ 详见 HK OTC Clearing Rules，806 节。

上属于客户，在结算会员违约时，如果没有特殊的协议安排，客户对交易所客户账户内的担保品没有直接的返还请求权。

法律关系的不同给交易所、会员和客户三方都带来了不同的挑战。对交易所而言，两种模式在担保品归属权、账户隔离和移仓安排等方面存在不同；对会员而言，两种模式下，其职责不同，承担的客户的风险不同，面临的资本金要求也不同；对客户而言，需要签订的协议条款和风险来源也不同。

(一) 交易所层面两种模式的异同

1. 两种模式下会员都有履约责任

不论是哪种法律关系模式，结算会员都需要在客户违约时使用自有资金代为履约。虽然在代理模式下，结算会员实际没有直接参与交易，但是其承担的责任和"主体对主体模式"一样。采用代理模式并不意味着交易所直接面对客户，也不意味着交易所需要直接管理来自客户的对手方信用风险。即使是在代理模式下，作为中央对手方的交易所直接面对的依然是结算会员，其对手方的信用风险依然来源于结算会员。

但需要注意的是，会员在不同法律关系下承担的履约责任的性质不同：主体对主体模式下，会员有履约责任，是因为会员是交易的对手方，而代理模式下，会员有履约责任，是因为会员是客户的担保人。

2. 两种模式下担保品的所属权不同

在代理模式下，会员从客户处收取担保品，再将这些担保品全部或者部分①交给交易所。虽然担保品经过了会员，但是交易所设置的客户账户内的担保品依然属于客户，其所有权没有改变，因此，在会员破产时，会员的债权人对这些担保品没有权利。

在主体对主体模式下，当客户和结算会员达成交易时，结算会员会

---

① 会员通常会要求客户提交高于交易所保证金要求的担保品。

同时和作为中央对手方的交易所达成一个背对背的交易。交易所虽然会将交易持仓和相应的担保品记录在客户账户内，但是由于交易所法律上只与结算会员签订合约，这种记录方式只是为了管理，并不表示所有权。客户的担保品提交给结算会员后，其法律归属已经改变，交易所的客户账户内的担保品实际属于结算会员。当结算会员破产时，结算会员的其他债权人对这些担保品有追回权，客户的资产因此无法得到保护。在这种情况下，为了让客户的资产得到保护，交易所、结算会员和客户三方必须签订合同来明确担保品归属问题。

3. 主体对主体模式下移仓需要额外的法律文件

当结算会员发生违约时，交易所可以将未违约客户的持仓和担保品转移给另一个未违约的替补结算会员，这个过程称为移仓（Porting）。移仓是结算会员破产时的客户保护机制之一。交易所的结算法律关系模式通常不影响违约移仓，但是，在主体对主体模式下，客户、结算会员和交易所三方需要签订额外的转让协议（Deed of Assignment）以实现违约后移仓。

在代理模式下，结算会员只是个"通道"，并不实际拥有客户的持仓和担保品，交易所的客户账户内的资产属于客户，因此该模式支持移仓，并且转移客户持仓和担保品不需要原结算会员同意。

在主体对主体模式下，当结算会员违约时，交易所客户账户内的持仓和担保品虽然与客户的交易相关联，但是在法律上却属于违约会员，因此没有该违约会员的授权，交易所无权对这部分资产进行移仓，并且结算会员的其他债权人对这部分资产有追回权。因此，在实际操作中，为了能够在不必经过违约会员同意的情况下就实现移仓，交易所、客户和会员三方会提前签订转让协议。在转让协议的保护下，交易所的客户账户内的担保品不再默认属于结算会员，保证了在结算会员违约时，客户可以将其在交易所相应账户内的担保品转移给替补结算会员，或者从交易所直接获得账户的结余价值。

(二) 结算会员层面两种模式的异同

1. 代理模式下结算会员不一定担保交易所履约

两种模式下，对于交易所，结算会员均有担保客户履约的责任。但在代理模式下，对于客户，结算会员不一定有担保交易所履约的责任。

在主体对主体模式下，结算会员和客户、交易所进行了背对背交易，因此，结算会员对客户和交易所都有履约责任。在客户违约，不能履行交易时，结算会员要用自有资金继续履行和交易所的交易。同样，在交易所违约后，结算会员依然需要维持交易继续进行，需要使用自有资金继续履行和客户的交易。

在代理模式下，对交易所而言，结算会员是客户的担保人，但对客户而言，会员却并不必须是交易所的担保人。会员不担保交易所履约，意味着如果交易所违约或者破产，会员没有责任代替交易所继续履约或赔偿损失，但是部分会员也在客户协议中约定了对客户的履约责任，即如果交易所违约，会员应该承担损失，补偿客户。但是代理模式的法律特性决定了会员只对客户承担连带责任，对交易所不承担连带责任。我国《民法典》对委托合同的相关规定①也表明，作为受托人的结算会员，对作为第三人的交易所没有连带责任，如果交易所违约，客户需要直接向交易所追偿，而不能向结算会员追偿。

2. 履约责任的不同导致了不同的资本金要求

如同上文讨论的，两种清算模式下，结算会员担保交易所履约的责任不同，这直接导致了不同模式下会员资本金要求的计算存在差异。

---

① 详见《民法典》第九百二十六条，受托人以自己的名义与第三人订立合同时，第三人不知道受托人与委托人之间的代理关系的，受托人因第三人的原因对委托人不履行义务，受托人应当向委托人披露第三人，委托人因此可以行使受托人对第三人的权利。但是，第三人与受托人订立合同时如果知道该委托人就不会订立合同的除外。

根据巴塞尔委员会的要求①，银行需要计算资本充足率。核心一级资本充足率的计算如公式（3-3）所示。

$$\text{巴塞尔杠杆率}(\text{Basel Leverage Ration}) = \frac{\text{一级核心资本}(\text{Tier 1 Capital})}{\text{风险敞口}(\text{Exposure Mesure})}$$

公式（3-3）

巴塞尔委员会要求一级核心资本的杠杆率最低为3%，由公式（3-3）可以看出，风险敞口的规模直接决定了银行的一级核心资本要求。根据巴塞尔委员会的要求，在代理模式下，因为结算会员负责担保客户向交易所履约，所以这部分担保的金额必须计入其总风险敞口。如果结算会员不负责担保交易所向客户履约，其来自交易所的风险敞口则不用计入总风险敞口。在主体对主体模式下，因为清算会员进行了两笔背对背的交易，有同时对客户和交易所的履约责任，所以两笔交易的风险敞口都要计入风险总敞口的计算。由此可见，如果结算会员采用的是不担保交易所履约的代理模式，那么核心资本的要求小于主体对主体模式下的要求。

实际上，多家银行认为，主体对主体模式带来的资本金要求制约了欧盟成员国衍生品清算行业的发展。具体而言，欧盟普遍采用主体对主体模式。主体对主体模式下，由于两笔背对背交易的存在，结算会员实际上是风险中性的，但是按照巴塞尔委员会的要求，结算会员计算总风险敞口时依然要将两笔背对背交易的风险敞口都计算在内，增加了结算会员的资金成本。与高昂的成本相对，金融机构从事衍生品结算代理业务带来的客户手续费收入是有限的，因此，欧洲的银行普遍认为，在新的资本充足率要求下，代理结算业务并非有利可图的商业模式，因此不愿意开展代理结算业务。

---

① Basel Committee on Banking Supervision, January 2014. Basel Ⅲ leverage ratio framework and disclosure requirements. BIS website.

三、我国衍生品行业的法律关系分析

《期货和衍生品法》的颁布提高了交易所各项业务的法律确定性，但是，市场参与者尤其是有境外背景的金融机构仍然希望交易所规则对交易所、会员和客户的三方法律关系进行明确。明确法律关系的好处是出现破产等可能导致法律纠纷的事件时，或是按照巴塞尔委员会要求进行资本金计量时，处理方式较为明确。

（一）法律规定接近代理模式

在《期货和衍生品法》颁布之前，我国的交易所、会员与客户存在何种法律关系一直存在争议。这种模糊性之所以存在，是因为我国《期货交易管理条例（2017 年修订）》（以下简称《条例》）第十八条规定："期货公司从事经纪业务，接受客户委托，以自己的名义为客户进行期货交易，交易结果由客户承担。"该条例出现了"经纪"一词，但"经纪"一词在该条例或其他我国现有法律中无明确的定义。严格来说，"经纪"并不是一个法律概念，而是商业概念，其与我国法律上的代理、委托、行纪等概念均有一定联系。《民法典》第七章对"代理"进行了总括性的规定，并指明代理有两种类型，其中一种是委托代理[1]，《民法典》同时明确了"委托合同"和"行纪合同"两种典型合同[2]。之前我国法律界对期货经纪（代理结算）行为法律类型的争议主要是期货经纪合同属于"委托合同"还是"行纪合同"，而 2022 年 8 月 1 日开始实施的《期货和衍生品法》中明确了期货经营机构与交易者签订的合同是"委托合同"。但一些客户，特别是大型机构客户对于

---

[1] 《中华人民共和国民法典》第一百六十三条所述的代理分为委托代理和法定代理。本节所讨论的期货经纪业务中的代理属委托代理，在后文中"代理"与"委托代理"为同一概念。

[2] 见《中华人民共和国民法典》第二十三章"委托合同"，第二十五章"行纪合同"。

在实践中是否可以按照代理模式来处理其和交易所、结算会员的法律关系依然存在担忧，因为该条例中对期货经纪业务的一些规定又偏向主体对主体模式，该条例第二十八条规定："期货交易所向会员收取的保证金，属于会员所有，除用于会员的交易结算外，严禁挪作他用。"该条说明了交易所与客户之间没有直接的资金往来，会员在清算所开立的账户内的资产的所有权属于会员而不是其客户，这更符合主体对主体模式的特点。

（二）合约履约责任的法律解释类似代理模式

有关司法解释中对合约履约责任的定义接近代理模式。2003年发布的《最高人民法院关于审理期货纠纷案件若干问题的规定》中第四十九条规定："期货交易所未代期货公司履行期货合约[①]，期货公司应当根据客户请求向期货交易所主张权利。期货公司拒绝代客户向期货交易所主张权利的，客户可直接起诉期货交易所，期货公司可作为第三人参加诉讼。"从该条规定可以看出，司法解释并未阻断客户与交易所之间的履约联系，这更类似代理模式。而在主体对主体模式中，客户的交易对手方是会员，而会员的交易对手方是交易所，因此会员应该向交易所主张权利，而客户只能向会员主张权利。

即使《期货和衍生品法》明确了结算会员和客户签订的合同类型是委托合同，依然很难断言交易所、结算会员和客户之间的三方法律关系属于代理模式，这是因为《民法典》中委托合同的立法本意是解决一般商业活动的法律权利义务关系。期货结算业务中保证金权属和担保品转移等问题相较一般商业活动复杂得多，委托合同关系可以解释期货结算业务中的主体身份关系，但无法解释客户保证金等财产权属和违约风险承担等更细节的问题。

---

① 此处是指在某期货公司违约（例如无法支付期货盈利）时，交易所有向其对手方（即客户）履约的责任。

四、三方法律关系不明确带来的业务挑战

《期货和衍生品法》虽然明确了期货经营机构与交易者签订的合同是委托合同,并且明确了"期货结算机构依照其业务规则收取和提取的保证金、权利金、结算担保金、风险准备金等资产,应当优先用于结算和交割,不得被查封、冻结、扣押或者强制执行[①]",解决了一些较大的法律不确定性。但是否可以说我国衍生品交易所、会员和客户的三方法律关系属于代理模式呢?总体来说,相比主体对主体模式,代理模式和结算会员与客户之间签订委托合同形成的法律关系的吻合度高,但如果法律法规或者交易所规则没有明确,依然不能断言我国衍生品结算业务中的法律关系属于代理模式,因此,在一些业务领域依然存在法律不确定性,这给市场参与者以客户身份参与衍生品结算带来一些挑战。

一个不确定性是客户是否需要考虑来自交易所的信用风险。在代理模式下,客户需要考虑来自交易所的风险,在实务层面,这有两方面的意义:一是客户要意识到结算会员在交易所违约时没有连带责任,客户需要自行承担交易所违约的风险;二是银行作为客户时,在计算资本充足率中的信用风险加权资产时,不仅要考虑结算会员,还要考虑交易所。2011 年 4 月,原中国银行业监督管理委员会[②]颁布了《关于中国银行业实施新监管标准的指导意见》的 44 号文以来,随后陆续颁布了《商业银行杠杆率管理办法(征求意见稿)》《商业银行资本管理办法(征求意见稿)》。巴塞尔Ⅲ目前已在我国落地,我国商业银行需要按照

---

① 详见《期货和衍生品法》第四十三条。
② 2018 年 3 月 13 日,原中国银行业监督管理委员会和原中国保险监督管理委员会合并为中国银行保险监督管理委员会。2023 年国务院机构改革,不再保留中国银行保险监督管理委员会,组建国家金融监督管理总局。

要求计算资本充足率。从 2020 年开始，已经陆续有银行①作为会员或客户参与金融期货交易，如果这些银行认为我国的衍生品代理结算法律关系属于代理模式，那么这些银行在计算资本充足率时，信用风险加权资产的计算不仅需要考虑结算会员，还需要考虑期货交易所，因为在代理模式下，如果没有特别的法律约定，结算会员不会对交易所违约负连带责任，银行需要同时计算其对结算会员和交易所的风险敞口。

另一个不确定性是交易所的保证金账户内保证金的归属，虽然在代理模式下，交易所保证金账户内的保证金应该属于客户，但是《期货交易管理条例》规定，期货交易所向会员收取的保证金，属于会员所有。这意味着，一是交易所破产后，客户不能作为债权人对破产的交易所申报债权；二是在结算会员违约后移仓可能没有法律根据。当作为结算会员的期货公司发生破产，如果期货交易所保证金账户内的保证金明确属于客户，在客户的授权下，交易所可以将这些客户的保证金转移给其他没有违约的结算会员。如果保证金属于会员，交易所不能仅凭客户的授权就转移其保证金，交易所必须通过和结算会员、客户签订三方转让协议的方式实现会员违约后的保证金转移。但是需要说明的是，目前我国的期货交易所还没有会员违约后的客户移仓机制，我国期货市场的移仓一般是指非违约状态下，客户变更结算会员，并不是境外所称的违约移仓。如果结算会员违约或者破产，我国交易所的做法是将违约客户和未违约客户的持仓和保证金一并处理，并不会将未违约客户的持仓转移给其他未违约结算会员，因此，第二点对我国期货业务的影响并不显著。但如果后续我国期货交易所开始实施会员违约后的客户移仓，则必须考虑该问题。

---

① 中国证监会，财政部，中国人民银行，中国银保监会：《关于商业银行、保险机构参与中国金融期货交易所国债期货交易的公告》，2020 年 2 月 14 日。

第五节 交易所的非竞争性交易方式

按照交易是否通过竞争性方式达成,交易所的交易方式可以分为竞争性交易方式和非竞争性交易方式。交易所市场通常采用竞争性交易方式进行交易,中央限价订单簿(Central Limit Order Book)交易就是一种典型的竞争性交易方式。但是除了竞争性交易方式外,金融市场也存在非竞争性交易方式。非竞争性交易方式,是指交易者双方协商达成交易,主要包括两种交易方式——大宗交易(Block Trade)和期转现交易(Exchange for Physicals,简称EFP)。我国证券市场大股东减持经常通过大宗交易方式进行,因此,大宗交易的认知程度相对较高。期转现交易是衍生品市场特有的交易方式,境内市场对其的认知程度较低,即使是一些参与过衍生品交易的机构投资者,也不熟悉这种交易方式,或是对其存在错误认知,比如大宗交易和期转现交易中的成交价格通常会低于中央订单簿上的价格,使公众对大宗交易或期转现交易是否包含额外的市场信息进行诸多猜测。

一、常见的非竞争性交易方式概述

衍生品市场常见的协商交易方式包括大宗交易和期转现交易。

(一)大宗交易概述

大宗交易是在集中撮合市场之外执行的,交易量大于或等于交易所设定的最低交易量要求的交易。境内外交易所规则对大宗交易进行定义时的表达方式各异,但是定义包含的要素基本一致,主要包括场外协商达成交易,在公开竞价市场外进行的、符合最低交易量要求的证券、期货或期权交易。由此可以看出,大宗交易定义的核心有两个:一是大宗交易不通过中央订单簿,而是通过双方协商达成,大宗交易和中央订单簿交易的对比见图3-13。二是大宗交易有最低交易量要求。不同交易所对不同产品的大宗交易的最低交易量要求不同,最低交易量要求一般依据产品流动性设定,高流动性产品的最低交易量要求通常较高,而流动性差的产品的最低交易量要求甚至可以低至1手,比如洲际交易所(ICE)上市的英国电力基本负载期货(UK Power Baseload Futures)的大宗交易的最低交易量要求仅为1手。

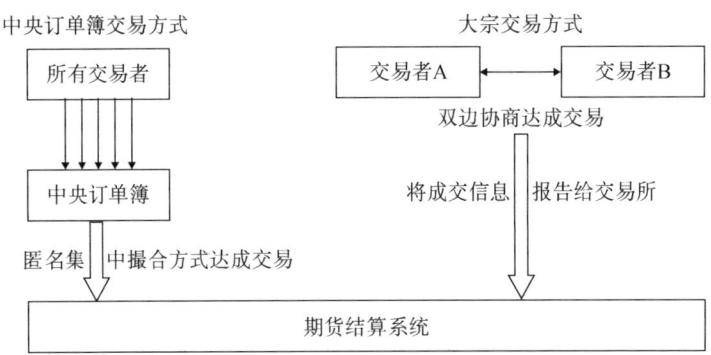

图3-13 大宗交易与中央订单簿交易的对比

资料来源:作者绘制。

虽然境内外市场对大宗交易的认知度较高,但是大宗交易在衍生品市场的发展历史很短,在21世纪初才被引入衍生品市场。1998年美国商品期货交易委员会(CFTC)进行了关于"非竞争性交易"的市场调研,调研结果显示,[①] 通过大额期货交易完成对冲的需求迅速增长,因此,CFTC 在充分听取市场意见并评估期货市场大宗交易机制的必要性

---

① CFTC, 26 January 1998. Regulation of Noncompetitive Transactions Executed on or Subject to the Rules of a Contract Market. CFTC website.

后，于 1999 年决定通过逐案审批的方式审批衍生品交易所开展期货大宗交易[1]。2000 年，CFTC 批准了第一家交易所——坎特金融期货交易所（Cantor Futures Exchange）使用大宗交易方式，大宗交易机制被正式引入了美国期货市场。

我国的大宗交易机制在 2002 年开始于证券市场。我国境内三家证券交易所中上海证券交易所（简称上交所）和深圳证券交易所（简称深交所）的股票、基金和债券都支持大宗交易，北京证券交易所（简称北交所）的股票交易支持大宗交易。上交所和深交所大宗交易的最低交易量要求以及交易申报方式的规定较为接近，比如 A 股大宗交易的最低交易量要求均是 30 万股或 200 万元人民币（见表 3-6）。北交所的市场流动性低于上交所和深交所，因此，北交所的大宗交易最低交易量要求稍低。

表 3-6　　　　境内证券交易所的大宗交易最低交易量要求

交易所	产品	最低交易量要求
上交所[2]	A 股	30 万股或 200 万元人民币
	B 股	30 万股或 20 万元美元
	基金	200 万份或 200 万元人民币
	债券	1000 手或 100 万元人民币
深交所[3]	A 股	30 万股或 200 万元人民币
	B 股	3 万股或 20 万元港币
	基金	200 万份或 200 万元人民币
	债券	5000 张或 50 万元人民币
北交所[4]	股票	10 万股或 100 万元人民币

资料来源：作者根据各交易所规则整理。

---

[1] CFTC, 4 June 1999. Alternative Execution, or Block Trading, Procedures for the Futures Industry. CFTC website.
[2] 详见《上海证券交易所交易规则（2020 年第二次修订）》第三章第七节"大宗交易"。
[3] 详见《深圳证券交易所交易规则（2020 年 12 月修订）》第三章第六节"大宗交易"。
[4] 详见《北京证券交易所交易规则（试行）》第三章第六节"大宗交易"。

我国几家期货交易所都在研究设计我国衍生品市场的大宗交易制度，但截至 2023 年 1 月，境内尚无期货交易所开展衍生品大宗交易业务。在欧美发达衍生品市场以及中国香港市场和新加坡市场等邻近市场，大宗交易是衍生品的常见交易方式（见表 3-7）。

表 3-7　　　　　　　开展大宗交易的衍生品交易所

交易所	国家（地区）
香港交易所	中国香港
韩国交易所（KRX）	韩国
新加坡交易所（SGX）	新加坡
欧洲期货交易所（Eurex）	欧洲
芝加哥商业交易所集团（CME）	美国
芝加哥期权交易所集团（CBOE）	美国
洲际交易所集团（ICE）	美国
纳斯达克集团（NASDAQ）	美国
多伦多-蒙特利尔交易所集团（TMX）	加拿大
巴西交易所（BM&F Bovespa，简称 B3）	巴西
澳大利亚证券交易所集团（ASX）	澳大利亚

资料来源：作者整理。

交易所推出大宗交易主要是为交易者提供消化大额订单的通道，避免在流动性较差时期，大额订单引起市场价格偏离。比如，对于期货市场，在临近交割期等期货市场流动性不足时，即使是小规模订单也容易超过中央订单簿的承载能力，成交价会偏离真实价值，难以充分反映市场的实际供求关系，误导大众对市场基本面的判断。大宗交易在中央订单簿之外协商执行，可以避免订单引致的市场价格偏差，避免市场参与者受到不利价格的影响，这也是大股东减持通常通过大宗交易进行的原因。

（二）期转现交易概述

期转现交易，是指交易双方通过非集中撮合的方式，同时达成一笔衍生品交易及一笔与该衍生品交易方向相反、价值相当的标的资产的交易。和大宗交易一样，期转现交易由双方在中央订单簿之外协商达成，达成后将成交信息报告给交易所进行后续的结算。但和大宗交易不同，期转现交易由两条"腿"构成，一条"腿"是期货交易，另一条"腿"则是该期货标的的交易，图3-14是期转现交易的交易结构示意图。期货交易所要求交易者报告期转现交易中的现货成交信息，比如交易量和成交价格，但是这仅是为了合规性审核目的，期货交易所不负责现货交易的登记和结算。

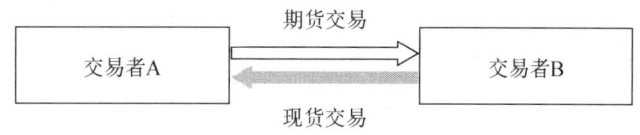

图3-14　期转现交易结构

资料来源：作者绘制。

如图3-14所示，在期转现交易中，一方是期货合约的买方和现货的卖方，其对手方则是期货合约的卖方和现货的买方。另外，期转现交易要求现货和衍生品交易价值相当，但这里的"价值相当"，是一种广义的价值相当，可以是数量相当、价值相当，或者风险规模相当。商品期货进行期转现交易通常基于"数量相当"，比如1手羊毛期货合约的标的为100斤羊毛，则进行1手羊毛期货的期转现交易时，对应的现货交易应为交易100斤羊毛。金融衍生品的期转现交易则通常基于"风险规模相当"或"价值相当"，比如，国债期货的期转现交易通常要求国债期货和债券交易的基点价值（Price Value of a Basis Point，简称PVBP或PV01）相当，或是要求国债期货面值和债券面值相当。

芝加哥商业交易所（CME）、欧洲期货交易所（Eurex）和洲际交易所（ICE）等全球主要衍生品交易所都支持期转现交易方式，但各交易所对这项业务的命名略有差异，常见的称谓包括Exchange for Physicals、Cash for Futures、Versus Cash、Against Actuals和Basis Trade。目前，国内的期货交易所均支持期转现交易①。但境内商品期货市场推出期转现交易主要是为了满足投资者提前交割的需求，因此境内商品期货交易所一般将期转现交易视为一种提前交割方式，并不视其为交易方式。所以，我国境内商品期货交易所期转现业务规则和境外交易所以及中国金融期货交易所的规则存在一定差异。具体来说，我国境内商品期货交易所的期转现并不能用于期货开新仓，只能用于平仓。本书对期转现的描述遵循交易所行业惯例，认为期转现是一种交易方式。

证券市场和衍生品市场均存在大宗交易，而期转现交易是一种仅限于衍生品市场的交易方式。首次接触期转现交易概念时，最常出现的疑惑是：期转现交易为什么是由期货交易和交易方向相反的现货交易两笔交易构成，而且既然现货交易是期转现交易的组成部分，为什么期货交易所不负责现货交易的结算。

期转现交易这种独特的交易结构和其产生背景有关。期转现交易的历史可以追溯到20世纪30年代的美国——1937年美国通过的《商品交易法》（Commodity Exchange Act，简称CEA）就已经允许交易所使用期转现交易方式。早期的期转现交易主要应用于实物交割的商品期货。实体企业经常有交割可交割品级范围外的商品的需求，比如玉米期货合约规定只有含水量14%以下的玉米才能用于交割，但是玉米种植者可能希望交割含水量16%的玉米。实体企业还可能希望在交割期之前进行交割。因此交易所推出了期转现交易方式，如果持有玉米期货空头的玉米种植者可以找到一个愿意接受含水量16%的玉米且持有玉米期货多头的加工商，则可以和该加工商达成期转现交易，玉米种植者（期货空头）将玉米卖给加工商，同时从加工商处买入期货多头持仓以实现平仓。可以看出，因为最早是作为交割的替代，所以期转现交易中的期货和现货交易的方向是相反的。随着20世纪80年代金融衍生品的蓬

---

① 中国金融期货交易所仅允许国债期货品种进行期转现交易，股指期货和期权暂不支持期转现交易。

勃发展，期转现交易这种要求期货和现货交易方向相反的性质，正好匹配金融衍生品市场中投资者使用期货对现货进行风险管理和进行基差交易的需求，因此，期转现交易被拓展到现金交割的金融衍生品市场，并且交易双方也不必像上述玉米期货的例子那样，须先有期货持仓才能进行期转现交易，即交易双方可以利用期转现交易开新仓。

至于在期转现交易中，期货交易所为何不负责现货交易的结算，则是因为：衍生品交易和现货交易通常在不同的交易场所进行，现货结算和衍生品清算也经常由不同的中央对手方负责，现货结算不在期货交易所的业务范围之内。

（三）两种协商交易机制的对比

大宗交易和期转现交易作为协商交易机制在衍生品市场得到了广泛应用，成为中央限价订单簿交易的重要补充。美国、欧洲等境外成熟衍生品市场的交易所一般都同时支持大宗交易和期转现交易方式，欧洲双边协商交易的交易量占比较高，而美国较低。表3-8和表3-9分别显示了美国芝加哥商业交易所集团（CME Group）和德国欧洲期货交易所（Eurex）各类交易方式的成交占比。其中，双边协商交易主要是指大宗交易和期转现交易。CME的双边协商交易量占比近年来在3%至4%，而Eurex较高，占比超过了30%。这种差异主要来自欧美两地市场的交易习惯和监管者态度的差异。美国期货市场监管者CFTC对期转现交易和大宗交易这类非竞争性交易方式的态度较为谨慎，担忧非竞争性交易占比过高会降低市场透明度，而欧洲监管者对非竞争性交易方式的态度较为中性。

表 3-8　　　　　美国 CME 集团双边协商交易占比

年份	电子集中撮合（%）	公开喊价（%）	双边协商交易（%）
2021	93.40	3.50	3.10
2020	94.30	2.20	3.50

续表

年份	电子集中撮合（%）	公开喊价（%）	双边协商交易（%）
2019	89.60	6.30	4.10
2018	90.40	6.10	3.60
2017	89.10	6.80	4.10
2016	88.00	7.30	4.70
2015	87.30	8.20	4.60

资料来源：CME 年报。

表 3-9　　德国 Eurex 双边协商交易占比

年份	电子集中撮合（%）	双边协商交易（%）
2022	65.79	34.21
2021	62.87	37.13
2020	64.85	35.15
2019	58.23	41.77

资料来源：Eurex 官网。

期转现交易和大宗交易有相似之处，两种交易方式都是双边协商交易方式，主要特点都是可以脱离中央订单簿匿名报价的限制，和指定的交易对手以指定价格成交。很多市场参与者认为两种交易方式可以相互替代，因此不明白为什么交易所会同时推出两种交易方式。实际上，这两种交易方式存在区别，并不能完全替代。从市场参与者的角度看，两种协商交易方式的主要差异有两点：一是期转现交易没有最低交易量的要求，而大宗交易旨在解决投资者的大额订单流动性需求，防止大额订单对中央订单簿的冲击，因此设有最低交易量要求；二是期转现交易的本质是交易期货和现货的基差，可以保证期货和现货交易同时成交，锁定期现基差，因此主要被用于实现期现套利交易策略。

从交易所的角度看，推出期转现交易有助于维护市场稳定。期转现交易扩展了交割制度，增加了交割灵活性。一是把交割时间从交割月扩大到了整个合约挂牌期间；二是扩大了可交割的现货范围，比如一些境外的交易所允许现金交割的股指期货进行期转现，现货端的交易可以是指数 ETF 交易，实际上是允许交易者使用 ETF 等资产进行股指期货交割。我国的国债期货期转现交易也允许交易者以地方政府债和国债远期作为现货端交易。通过期转现交易，交割价格不受集中市场期货交割结算价制约，交易者可以在场外自主寻找交割对手，协商现货种类，协商现货和期货价格，选择交割时间，有利于从根本上降低期货逼仓风险。

二、交易所设计大宗交易的方法

大宗交易制度的核心设计要素是最低交易量要求和成交价格范围，理解这两个要素对于投资者理解和应用大宗交易非常重要。交易所会公布每笔大宗交易的成交价格，大宗交易的成交价格通常会低于市场价格，很多投资者认为这种偏离包含市场信息，虽然不能否认大宗交易的成交价格会包含市场信息，但造成偏离更常见的原因是补偿流动性。如果投资者可以充分了解交易所设计的最低交易量要求和成交价格范围的基础逻辑，那么就更容易理解如何参与大宗交易，以及如何解读大宗交易背后的信息。

（一）设计大宗交易最低交易量要求

大宗交易方式通过双边协商方式执行，相比于中央订单簿匿名撮合，这种执行方式的透明度和公平性均较低，但是监管机构依然允许这种交易方式的存在，是因为大宗交易可以在不对中央订单簿造成影响的情况下，为大额订单提供一个执行通道。因此，交易所在设计大宗交易机制时，定义"大额"非常重要，如果大宗交易的最低交易量要求设置得不合理，就容易被市场滥用。交易所在确定衍生品的大宗交易最低交易量要求时主要参考以下因素。

1. 衍生品市场的深度

大宗交易旨在减少大额订单对中央订单簿的冲击，因此大宗交易的最低交易量要求应当大于该衍生品合约在中央订单簿上不引发大幅度价格偏离就能达成成交的交易量。换句话说,如果一笔交易可以在不影响中央订单簿上价格的情况下通过匿名撮合方式成交,那么该笔交易就不应该通过大宗交易方式成交,大宗交易的最低交易量要求就是要保证把这些交易排除在大宗交易之外。因此,衍生品市场的深度是设定大宗交易最低交易量要求的重要参考。

2. 衍生品市场的成交量与持仓规模

和市场深度类似,成交量和持仓规模也在一定程度上显示了市场消化大额订单的能力。一般而言,成交量和持仓量越高的市场,消耗大订单的能力越强,大宗交易的最低交易量要求就应该设定得高一些。因此,交易所也会参考中央订单簿上每笔报单的报单量,以及市场总体成交量和持仓量来设定大宗交易最低交易量要求。

3. 经纪商和做市商等机构投资者的大额订单需求

参考交易者对于大宗交易最低交易量要求的看法是一种专家意见。交易所通常会通过问卷调查、走访调研的方式了解市场参与者,尤其是机构投资者的大额订单需求以及对大宗交易最低交易量要求的意见与建议。

4. 标的现货市场的成交规模

衍生品市场是风险管理市场,是现货市场风险的管理工具,因此,现货市场的大额订单需求通常是衍生品市场确定大额订单规模的重要参考。以设定国债期货的大宗交易最低交易量要求为例,债券现货市场通常是场外市场,比如我国的债券就主要在银行间市场交易,主要参与者为机构投资者,银行间市场的国债交易是由交易双方协商达成的,交易量较大,能够直观反映机构投资者的大额订单需求。因此,国债现货市场的国债单笔成交金额对于设定国债期货大宗交易最低交易量要求具有重要的参考意义。

(二)设计大宗交易成交价格范围

如前所述,大宗交易价格是市场参与者关注的另一个交易要素。大宗交易的特点之一就是成交价格由交易双方协商决定，该成交价格通常会低于中央订单簿上的市场价格。因为大宗交易成交价格和中央订单簿撮合成交价基于不同的价格形成机制，所以监管机构和交易所都允许价格差异的存在，并不会要求大宗交易的成交价格和中央订单簿上的价格严格一致。具体来说，中央订单簿上的集中撮合成交价表现的是市场参与者对期货价值的公开表达，而大宗交易的成交价格由交易双方协商决定，交易者在协商进行大额交易时，为了能够成交，都会在价格上进行调整和让步，所谓的调整和让步主要是指流动性溢价。如果不通过大宗交易方式成交，大额市价订单进入中央订单簿后，可能一次性和多个报价档位的订单成交，造成市场最新成交价显著偏离之前的成交价，因此交易所应该给予大宗交易的交易者一定的议价范围，议价范围应该至少覆盖大额订单造成的市场价格变动范围。因为如果议价范围低于该价格扰动范围，大宗交易不能给交易者带来合理的流动性成本议价空间，交易者完全可以不使用大宗交易方式而直接通过中央订单簿集中撮合成交。

　　交易所给予了交易者确定大宗交易成交价格的自主性，但这个价格协商范围必须是合理范围，交易者也不能对以大宗交易方式达成的期货交易随意定价，交易所会对大宗交易的成交价格进行审核。交易所通常同时对价格进行事前价格限制和事后审核。事前价格限制，是指在大宗交易的申报系统里设置大宗交易成交价格范围，比如要求大宗交易的成交价格必须在当日的涨跌停板价格范围内或是必须在当日市场最高价和最低价范围内，交易所不接受超过该价格范围的大宗交易申报。事后审核，是指交易所定期以抽查的形式对前期达成的大宗交易的成交价格进行合理性审核。交易所设置大宗交易成交价格的事前和事后审核机制的目的是保证市场公平性，保证大宗交易制度不被滥用。因为大宗交易的交易达成过程不透明，成交价格大幅偏离市场最优报价存在大宗交易机制被滥用的可能，也会引发其他市场参与者对大宗交易成交价格的过度猜测，导致大宗交易机制被利用，作为操纵市场的工具。

交易所在设置大宗交易的成交价格范围时，有两个基本原则，第一是防范大宗交易的协商定价机制被滥用，第二是为市场参与者提供合理议价空间。而交易所在实际判断一笔大宗交易的成交价格是否合理时，通常有三类考虑因素：第一，大宗交易本身的特征，包括大宗交易订单规模和大宗交易参与双方的具体情况；第二，市场的特征，包括该合约在中央订单簿上的最新成交价与成交量，以及该合约其他大宗交易的成交价和成交量；第三，相关市场的特征，包括标的现货市场或相关期货市场，具体包括类似或者相关合约在中央订单簿上的成交价和成交量、类似或者相关合约的大宗交易成交价和成交量、标的现货在中央订单簿上的成交价和成交量、标的现货大宗交易成交价和成交量。但是以上参考因素仅具有一般性，并非对每笔大宗交易都适用，交易所在判断大宗交易成交价格的公平性和合理性时仍然会结合个案和具体情况进行最终判断。

三、交易所设计期转现交易的方法

期转现交易不通过中央订单簿达成，交易的透明度较低，因此交易所设计期转现交易制度的重点是防止期转现交易被滥用，以及造成市场操纵风险。具体来说，交易所在设计该制度时，最关注两个问题：一是期转现交易中判断期货和现货交易价值相当的标准，即期现匹配标准；二是期转现交易中的期货成交价格范围。交易所通常会定期[①]对前期达成的期转现交易以抽查的形式进行合规性审核，这两个问题也是交易所在事后审核一笔期转现交易的合规性时重点关注的内容。

（一）设计期转现交易的期现匹配标准

期现匹配，是两笔交易组合起来可以构成期转现交易的前提，如果

---

① 对期转现交易进行事后抽查的频率视交易所而定，通常按季度进行。

期货端交易和现货端交易并不匹配，则存在期转现交易制度被滥用的可能性。如前所述，判断期转现交易中的期现匹配，采用的是广义的价值相当标准，同时包括数量相当、价值相当和风险规模相当，具体以哪种价值相当作为判断标准，和进行期转现的期货产品类型以及现货资产有关。表 3-10 列举了境内外交易所一部分可以适用期转现交易的期货产品以及该产品进行期转现交易时可接受的现货资产范围。

表 3-10　　　　　　期转现交易可接受的现货范围示例①

交易所	适用期转现交易的产品	可接受的现货
中国金融期货交易所	国债期货	1. 国债 2. 地方政府债 3. 政策性金融债 4. 以上述债券为标的的远期合约
加拿大蒙特利尔交易所（MX）	利率期货	和期货合约有合理价格相关性和相似风险特性的固定收益产品，包括但是不限于以下产品： 1. 资产支持商业票据 2. 加拿大联邦政府债券 3. 地方政府债券 4. 抵押担保债券（Collateralized Mortgage Obligation） 5. G7 国家发行的政府债券
	S&P/TSX 指数期货	1. 一篮子股票。一篮子股票必须满足以下三个条件：一篮子股票和期货标的指数相关性高达 0.9 以上；一篮子股票必须至少覆盖 50% 的标的指数股票；一篮子股票的价值必须和期货的价值相等或者近似 2. ETF。ETF 必须能够复制股指期货标的股指的变动
	个股期货	标的股票
	碳排放权期货	加拿大碳排放权
	加拿大原油期货	加拿大重原料油现货

---

① 如果一家交易所允许期转现交易，那么期转现交易方式通常对其上市的所有产品均适用，此处由于篇幅所限，仅列举了各家交易所适用期转现交易的一部分产品，并没有穷尽所有适用期转现交易的产品类型。

续表

交易所	适用期转现交易的产品	可接受的现货
洲际交易所集团（ICE）	原油期货	原油现货
芝加哥商业交易所集团（CME）	股票指数期货	1. 一篮子股票 2. ETF 3. 指数权益互换
欧洲期货交易所（Eurex）	Eurex 固定收益类期货	1. 债权证券 2. Eurex 或者其他交易所上市的货币市场期货① 3. Eurex 或者其他交易所上市的固定收益期货②
	Eurex 股票指数期货	1. 一篮子股票 2. ETF
澳大利亚证券交易所（ASX）	澳大利亚利率衍生品期货	1. 澳大利亚国债 2. 半政府债券（Semi-Government Bonds） 3. 公司债券 4. 银行债 5. 大额可转让定期存单（Negotiable Certificates of Deposit） 6. 利率互换 7. 利率远期 8. 外汇互换 9. 新西兰元、美元、加拿大元和欧元债券
	澳大利亚 SPI 200 指数期货和期权	一篮子和 SPA 200 面值相差 10% 以内的澳大利亚股票
	羊毛期货和期权	羊毛现货或者和羊毛现货相关的价值相似或者数量相似的金融产品
	谷物期货和期权	谷物现货或者和谷物现货相关的价值相似或者数量相似的金融产品

---

① Eurex 的期转现交易允许期货转期货的交易，即期转现交易由交易方向相反的两笔期货交易构成。货币市场期货（Eurex Cash Market Futures），是指标的资产为利率的利率期货。

② 固定收益期货（Eurex Fixed Income Futures），是指国债期货、政府债期货等以债权为标的资产的期货，比如德国 10 年期国债期货（Euro-Bund）。

续表

交易所	适用期转现交易的产品	可接受的现货
澳大利亚证券交易所（ASX）	能源期货和期权	澳大利亚和新西兰电力互换
	澳大利亚个股差价合约	标的股票
	澳大利亚黄金差价合约	黄金现货

资料来源：各交易所网站，作者整理。

概括而言，可以进行期转现交易的期货产品范围和可接受现货范围都非常广泛，不仅实物交割的期货可以进行期转现交易，现金交割的期货也可以进行期转现交易，比如股指期货就可以以期转现交易方式成交。在这样的背景下，期转现交易的期现匹配标准必须灵活，需要满足投资者合理利用期转现交易进行风险管理和基差交易的需求。

交易所判断期现匹配通常采用三个标准，只要符合其中任何一个标准，交易所就会认为该笔交易是合规的： 是数量匹配。数量匹配是指现货交易端的现货成交量和期货合约对应的标的数量近似。商品期货的期转现交易通常采用该匹配标准，这是最原始的匹配标准，其需求来源是使用期转现交易进行提前交割。二是价值匹配。价值匹配是指现货交易的价值和期货合约交易价值一致[①]，比如进行股指期货的期转现交易时，期货端股指期货交易的价值和现货端股票交易的价值一致。三是风险匹配，这是目前金融期货品种最常用的期现匹配标准。这种匹配方式主要来源于使用期转现交易来满足基差交易的需求。对于不同的产品，风险匹配使用的风险因子不同。对于股指期货，通常使用 Beta 值作为风险因子来判断风险匹配，而对于国债期货，则一般使用修正久期

---

① 交易所一般不会要求期货交易和现货交易的价值完全一致，会给予交易者一定容忍度。

（Modified Duration）或者基点价值（PVBP）。

下面以 ASX 交易的 SPI 200 股指期货的期转现交易作为示例。ASX 交易所规定，SPI 200 股指期货的期转现交易可以使用一篮子股票作为现货端。如果交易者持有 100 手 ASX SPI 股指期货合约，该股指期货的合约乘数为 25 澳元/点，假设当前 SPI 200 指数点位为 3425 点，交易者希望使用这些期货去对冲一篮子股票。如果交易者不考虑市场波动性，则可以使用价值匹配原则，选择总价值接近 8562500（= 100 × 3425 × 25）澳元的一篮子股票作为期转现交易的现货端。如果考虑市场的波动性，交易者可以使用风险匹配原则，则可以以价值为 9513889（= 8562500/0.9）澳元、Beta 值为 0.9 的股票组合作为期转现交易的现货端，或者以价值为 7784091（= 8562500/1.1）澳元、Beta 值为 1.1 的股票组合作为期转现交易的现货端。

（二）设计期转现交易的成交价格范围

和大宗交易类似，期转现交易中的期货成交价同样不是产生于中央订单簿，而是依靠交易双方协商达成，因此相比于集中撮合形成的期货成交价，期转现交易的成交价格有很高的自主性和灵活性。虽然通过期转现交易方式达成的期货交易的成交价不会计入市场最新价、收盘价和结算价的计算，即不会影响中央订单簿，但是交易所也会对双方提交的期转现交易的期货成交价格进行审核，防止该价格过度偏离当前市场价格。特别需要说明的是，期货交易所一般要求交易者报告构成期转现交易另一条"腿"的现货交易的价格，但不会对该价格进行审核。表 3-11 列举了部分交易所对期转现交易中的期货成交价的规定。

表 3-11　　　　　　　　　期转现交易中期货成交价范围

交易所	对期货成交价的规定
中国金融期货交易所	国债期货期转现交易的期货合约成交价格由交易双方协商确定，但应当在交易所确认当日该期货合约涨跌停板价格范围内，并且与期转现交易协商一致时间该期货合约最新价的偏离不得超过合理范围
加拿大蒙特利尔交易所（MX）	期转现交易中期货的交易价格应该是综合考虑了集中撮合市场期货价格、期转现交易的交易量、市场波动性和流动性等要素后，得出的公平并且合理的价格
芝加哥商业交易所集团（CME）	只要交易价格满足最小变动价值的要求，交易双方可以在合理并且公平的范围内决定期转现交易的期货或者期权的价格，但是如果交易价格偏离当前市场价格，交易所会对该笔期转现交易进行审查
澳大利亚证券交易所（ASX）	ASX 对期转现交易中的期货价格没有限制，但是期货价格不应该大幅偏离市场价格。如果出现期货价格大幅偏离市场价格的情况，交易所有权询问交易者为何愿意以此价格成交，并有权宣布期转现交易无效

资料来源：各交易所网站，作者整理。

实务中，交易所对期转现交易的价格监管相比于大宗交易更为宽松，有涨跌停板制度的交易所，会要求期货端的价格在涨跌停板范围内，没有涨跌停板制度的交易所，一般原则性要求期货价格不能偏离市场价格。交易所之所以并不严格监管以期转现交易方式达成的期货成交价格，是因为期转现交易本质上是一种基差交易，交易者交易的是现货和期货的价差，考察期转现交易的成交价的合理性不能仅评价期货成交价格。

四、实务中的非竞争性交易方式

（一）大宗交易的应用

大宗交易在证券市场经常被用作大股东减持和公司收购的工具。在衍生品市场，大宗交易的应用更为广泛，被运用于满足多种风险管理和策略交易需求。

一是临近交割月的合约移仓。临近最后交易日，合约的流动性会变差，大规模移仓会对中央订单簿造成流动性冲击，造成价格不合理波动，而大宗交易可以避免上述问题，帮助交易者顺利将持仓转移到次月合约。

二是期货的跨期价差、跨品种价差等策略交易需求。交易策略通常涉及多个合约月份和期货品种，国债收益率曲线策略就需要同时交易不同期限的国债期货产品，比如买入10年期国债期货并卖出2年期国债期货，如果通过中央订单簿达成该策略交易，则可能出现10年期国债期货完成建仓，但是2年期国债期货的订单没有成交的情况，会导致交易策略执行失败。大宗交易可为特定的交易策略实现快速的建仓和平仓。

三是期货做市商的库存管理。期货做市商在主力合约更替、做市仓位调整等情况下具有大宗交易需求，期货做市商可以运用大宗交易进行做市库存管理，提高做市交易效率。

（二）期转现交易的应用

我国市场的投资者因为不熟悉如何应用期转现交易，所以很少使用该交易方式，但期转现交易方式的存在为各类同时涉及现货和期货的风险管理策略和交易策略提供了操作可能性。在不断追求交易速度和效率的境外金融市场，期转现交易方式在推出后的80年依然维持一定市场占比绝非偶然。本书以国债期货为例，介绍几种期转现交易常见的应用场景。

1. 债券发行方管理利率风险

在境外市场，公司债发行人经常使用期转现交易方式实现债券发行套保。债券发行人使用发债的方式募集资金，发行公告日和债券招标日间利率的上升将导致融资成本上升。债券发行公告日和债券实际招标日之间可能间隔多日，因此，利率上升导致的成本不能忽略。为了对冲利率上升的风险，债券发行人通常进行发行套保，具体的操作方式是：在债券公告日以计划发行利率作为期货价格卖出期货合约，并在债券招标日以当时的利率水平对期货平仓。发行套保成功的关键在于可否以目标价格完成期货平仓。套保者在招标日卖出了债券，但却面临处置期货空头持仓的困局——为套保而建立的期货持仓的规模较大，一旦订单进入中央订单簿，大额订单会影响当前市场价格，导致套保者以目标价格完成期货平仓的希望落空。而期转现交易方式为发行人提供了理想的解决方案——发行人在债券招标日和承销商通过期转现交易方式结束套保，即向承销商卖出债券，同时买入期货平仓。通过期转现交易，债券发行人简单便捷地实现了发行风险管理和债券发行。虽然债券承销商在获得债券的同时也因此获得了期货空头持仓，但是作为专业金融机构的债券承销商，可以通过拆单的方式在不影响市场价格的情况下完成期货空头平仓。这种通过期转现交易来帮助债券发行人管理利率风险的服务通常是债券承销服务的一部分。

2. 债券做市商进行库存管理

在境外市场，债券做市商是国债期货期转现交易的活跃参与者。做市商作为债券市场流动性的提供者，通过赚取买卖价差获利——做市商买入客户卖出的债券，并择时将债券转手。为了持续在债券市场进行买卖，做市商需要持有一定的债券库存，而期转现交易是做市商高效实现债券库存管理的工具，具体来说，做市商一般使用国债期货对冲持有国债库存的风险，因此，当做市商处理债券现货时，也需要同时了结用于风险对冲的期货持仓。做市商可通过期转现交易实现降低库存的操作，即卖出国债并买入期货平仓。

使用我国国债期货市场的实际数据对期转现交易方式在债券库存管理上的作用进行形象化说明。假设做市商在 T 日以收益率 3.85%[①]买入

---

① 对应的以百元形式报价的债券净价为 99.472 元。

国债 170021，同时以 96.30 元建立中金所 5 年期国债期货空头进行套保，期现基差为 0.216 元。T+1 日，做市商希望减少债券库存，因此需要解除套保，传统做法是先卖出债券，再在期货市场买入期货平仓。但此时做市商却面临一定的困境，T+1 日，债券现货净价较 T 日下跌 0.13 元。为完全对冲风险，做市商希望以 96.17 元（即 96.30 − 0.13）的价格进行期货平仓。然而，当时的期货市场价格是 96.24 元，通过限价指令无法保证成交，而市价指令则无法保证以合适的价格成交，甚至大额买入订单会抬高期货价格水平，加大做市商的损失。如果此时，另一位市场参与者认为目前期现基差水平过低，未来基差会上涨，那么则可以和陷入库存管理困境的做市商达成期转现交易，做市商卖出债券并买入期货———步完成债券去库存操作，而基差交易者买入债券并卖出期货———步实现期现基差买入操作。

3. 交易者实施基差套利策略

基差套利机制保障了期货和现货价格不会偏离公允价值，期转现交易既可以帮助交易者建立基差套利持仓组合，也可以帮助其退出基差套利持仓组合。具体而言，当国债基差交易者认为期现基差[①]过大时，会卖出债券并买入期货，当基差过小时，则会进行相反操作。然而，部分基差套利机构的规模较小，债券库存管理能力不足，因此并不能长期持有债券和期货持仓以等待基差收敛。如果基差未及时收敛，而交易者又无法承担维持基差套利持仓组合的成本时，期转现交易则可以帮助交易者快速了结期货和现货持仓，退出基差套利交易策略，由愿意等待基差收敛的交易者继续持有基差。我们可以看下面的例子：

2017 年 9 月 19 日，中金所 10 年期国债期货 T1712 合约的结算价格为 95.210 元，而其对应的最便宜可交割券国债 170018 的到期收益率水平为 3.62%，期现基差为 −0.12 元，而此前 3 个月国债的期现基差平

---

① 国债期现基差 = 国债现货价格 − 期货价格 × 转换因子。

均为 0.13 元。交易者认为期现基差会上涨，则买入国债并卖出期货。然而，2 周之后的 2017 年 10 月 12 日，期货合约 T1712 的价格为 94.645 元，国债 170018 的收益率为 3.67%——期现基差只上涨至 0.04 元，并没有达到前期平均值 0.13 元，但此时套利者却已经无力继续支付期货保证金，需要结束基差套利持仓。那么，为了保证成交价格的确定性，套利者最优的策略就是通过期转现交易方式将该基差套利持仓组合完整地转移给其他基差套利者，由继任者继续等待基差恢复至前期水平。

附录　缩写列表

英文缩写	外文全称	中文名称
AR	Abnormal Return	异常收益
ARRC	Alternative Reference Rates Committee	美国替代基准利率委员会
ASX	Australian Securities Exchange	澳大利亚证券交易所
B3	BM&F Bovespa	巴西交易所
BP	Basis Point	基点价值
CAR	Cumulative Abnormal Return	累计异常收益
CBOE	Chicago Board Options Exchange	芝加哥期权交易所
CBOT	Chicago Board of Trade	芝加哥期货交易所
CCFE	Chicago Climate Futures Exchange	芝加哥气候期货交易所
CDS	Credit Default Swap	信用违约互换
CEA	Commodity Exchange Act	美国商品交易法
CFTC	U.S. Commodity Futures Trading Commission	美国商品期货交易委员会
CME	Chicago Mercantile Exchange	芝加哥商业交易所
CPSS	Committee on Payment and Settlement Systems	国际清算银行支付结算体系委员会
CTD	Cheapest-to-Deliver	最便宜可交割券
EFP	Exchange for Physicals	期转现交易
€STR	Euro Short-term Rate	欧元短期利率
EURIBOR	Euro Interbank Offered Rate	欧元银行间同业拆借利率
FCA	Financial Conduct Authority	英国金融行为监管局
FSAP	Financial Sector Assessment Program	金融行业评估项目

续表

英文缩写	外文全称	中文名称
FSB	Financial Stability Board	金融稳定委员会
HIBOR	Hong Kong Interbank Offered Rate	香港银行间同业拆借利率
IBOR	Interbank Offered Rate	银行间市场报价利率
ICE	Intercontinental Exchange	洲际交易所
IMF	International Monetary Fund	国际货币基金组织
IOSCO	International Organization of Securities Commissions	国际证监会组织
IPE	International Petroleum Exchange	国际石油交易所
IRS	Interest Rate Swap	利率互换
ISDA	International Swaps and Derivatives Association	国际掉期与衍生工具协会
ISE	International Securities Exchange	美国国际证券交易所
JPX	Japan Exchange Group	日本交易所集团
LBO	Leverage Buyout	融资收购
LCH	London Clearing House	伦敦清算所
LIBOR	London Interbank Offered Rate	伦敦银行间同业拆借利率
LIFFE	London International Financial Futures and Options Exchange	伦敦国际金融期货交易所
LME	London Metal Exchange	伦敦金属交易所
LPR	Loan Prime Rate	贷款市场报价利率
LSEG	London Stock Exchange Group	伦敦证券交易所集团
MOEX	Moscow Exchange	莫斯科交易所
MLF	Medium-term Lending Facility	中期借贷便利
NSX	National Stock Exchange	美国全国证券交易所
NYBOT	New York Board of Trade	纽约期货交易所
NYMEX	New York Mercantile Exchange	纽约商业交易所
NZX	New Zealand Stock Exchange	新西兰证券交易所

续表

英文缩写	外文全称	中文名称
OCC	Options Clearing Corporation	美国期权清算公司
OIS	Overnight Index Swap	隔夜指数互换
PFMI	Principles for Financial Market Infrastructures	金融市场基础设施原则
PVBP	Price Value of a Basis Point	基点价值
QE	Quantitative Easing	量化宽松
QT	Quantitative Tightening	量化紧缩
RFR	Risk-free Rate	无风险利率
SEC	U.S. Securities and Exchange Commission	美国证券交易委员会
SFE	Sydney Futures Exchange	悉尼期货交易所
SGX	Singapore Exchange	新加坡交易所
SHIBOR	Shanghai Interbank Offered Rate	上海银行间同业拆放利率
SLF	Standing Lending Facility	常备借贷便利
SOFR	Secured Overnight Financing Rate	美国担保隔夜融资利率
TIBOR	Tokyo Interbank Offered Rate	东京银行间同业拆借利率
TMX	Toronto-Montreal Exchange Group	多伦多-蒙特利尔交易所集团
TONA	Tokyo Overnight Average Rate	东京隔夜平均利率